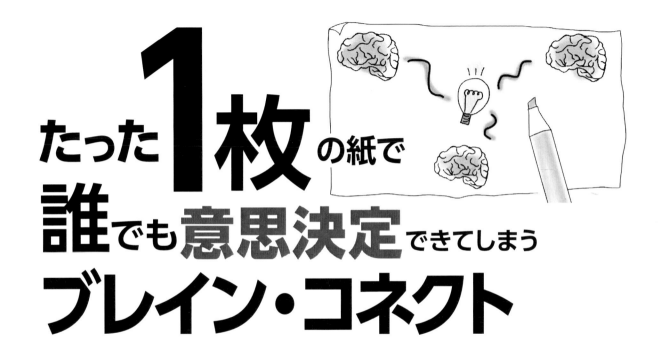

たった1枚の紙で誰でも意思決定できてしまうブレイン・コネクト

著者　杉村寿重　和氣俊郎　横内浩樹　平塚智文
監修　株式会社インクルージョン 杉村寿重

三恵社

■　はじめに

本書を手に取って頂いた皆様に感謝いたします。
これは日本の小さなコンサルティングファームが開発した、意思決定の思考フレームワークです。
仕事も日常も意思決定の繰り返しですが、意思決定に悩んでしまう方々にお勧めするのが本書です。

この手法を私たちは『ブレイン・コネクト＝Brain Connect』と名付けました。
理由は人々の脳力を繋いで簡単に成果を出して行くものだからです。
基礎理論として、インプロ（即興技術）、デザイン思考、マインドマップを用いますが、
本書では基礎理論の細かな説明はしていません。まずは物語を読んで雰囲気を味わってください。

この『ブレイン・コネクト』の利点には、次のものがあります。

①直感的に分かる

②特別な知識やスキルが要らないので新人にも使える（もちろんベテランが使うと更に強力）

③思考を見える化し、他者との共有もできるので、合意形成も自然に取れてしまう。

④短時間で出来るので効率的で、働き方改革にもなる。

本書が、皆様にとって業務改善や変革のために必要な、意思決定の一助になれば幸いです。

２０１９年１１月　吉日

株式会社インクルージョン　半蔵門にて

監修および著者らを代表して　杉村寿重

本書の『ブレイン・コネクト』図が小さくて見づらいかもしれません。
　ご希望があれば読者の方に、カラー版の掲載図を電子データで差し上げます（無料）。
　本書の"購入日"、"購入店"、"お名前"、"連絡先"を明記し、株式会社インクルージョン
(info@iri-ltd.com) まで、「件名：ブレイン・コネクト」でお問合せ下さい。

目　　次

第1章：無茶な顧客・・・・・・・・・・・・・・・・・・・・・・・・・・・7
　◆勘/経験/度胸でやった話・・・・・・・・・・・・・・・・・・・・・・8
　◆ブレイン・コネクトを使ったエイ子の話・・・・・・・・・・・・・・・19

第2章：意思決定ケース短編集・・・・・・・・・・・・・・・・・・・・・43
　◆第1話：ユウ子の話（教育：新任教諭への引継ぎ）・・・・・・・・・・44
　◆第2話：斉藤の話（行政：自治体助成金の必要性）・・・・・・・・・・72
　◆第3話：アイ子の話（経営：新規商品企画）・・・・・・・・・・・・103

- ◆第4話：和久の話（事業戦略：海外ＯＤＭ推進プロジェクト）・・・・・・・143
  - 海外ＯＤＭ製品ＰＯＳ用７インチモニター・・・・・・・・・・・・143
  - 海外ＯＤＭ製品ポータブルバーコードプリンタ・・・・・・・・・・161

第３章：ふりかえり・・・・・・・・・・・・・・・・・・・・・・・・・185
- ◆ブレイン・コネクト物語・・・・・・・・・・・・・・・・・・・・・186
  - 書籍化の話・・・・・・・・・・・・・・・・・・・・・・・・・186
  - インクルージョンの話・・・・・・・・・・・・・・・・・・・・189
- ◆インプロの話・・・・・・・・・・・・・・・・・・・・・・・・・・191
- ◆開発バックボーンの話・・・・・・・・・・・・・・・・・・・・・・196
- ◆おわりに・・・・・・・・・・・・・・・・・・・・・・・・・・・・197

本書の第1章および第2章1話〜4話はフィクションです。

登場する人物・団体・名称等は架空であり、実在のものとは関係ありません。

第1章　無茶な顧客

■　勘/経験/度胸でやった話

　時男はＳＩｅｒ（システムインテグレーション企業）に勤務するシステム開発プロジェクト＆プログラムマネジャーである。納期を３ヶ月後に控えたある日、時男は開発事業部長から呼び出された。嫌な予感を覚えながらも向かった時男に、開発事業部長は神妙な顔つきで話し始めた。
「忙しいところ申し訳ない。実は君らが現在開発中のプロジェクトに対し、顧客トップから納期短縮の話があった。それも１ヶ月前倒しにしたいというんだ」
時男は呆気にとられた顔つきで、それに対して答える。
「事業部長、何をこの時期に言っているのですか。リリースを控えた今、それは無理ですよ。もっともリリースが半年先の段階とかであれば、途中のバッファを使って何とか短縮を考えますが、今はリリースまで３ヶ月を切っている状態なんですよ。それを１ヶ月短縮するなど、この期に及んでバ

ッファの余裕もないし無謀すぎますよ。開発現場の僕にそんな話を落とす前に、もっとトップマネジメントレベルで調整ができるんじゃないですか？」

と、時男は内心は憤りを感じつつも冗談だろうと、開発事業部長に進言する。

しかし開発事業部長は困惑した面持ちで話を続けた。

「君の言うことは痛いほど分かるんだが、これは経営層レベルで十分に議論し顧客との調整も行った上での結論で、トップ命令だから我々は出来ない理由を語る立場にはなく、どうすれば実現可能かを考えなければならないのだよ」

さらに開発事業部長は話を続ける。

「もちろん私ももう少し対応を検討するが、君も現場に持ち帰って実現可能なアイデアを出して貰えないだろうか？人間誰でも"出来ません"というのは簡単で、出来ない理由を考えがちだけど、そこを乗り越える方法が大切だろうから頼むよ」と、開発事業部長の言葉が重く響いた。

納得のいかない時男であったが、トップ命令では仕方がない。まずは現場のリーダーたちと相談してみようと思い、各グループの開発リーダー（以下リーダー）を招集することにした。リーダーたちが集まると、時男は「リリース間近で奮闘しているこの時期、1分1秒の余裕もない時に集まって貰って申し訳ない」と言葉を切り出し、つい先ほど開発事業部長から言い渡された話をした。
　当然のことながらリーダーたちからブーイングの嵐が起こったのは言うまでもない。しかし時男は、
　①システム開発の発注元である顧客のライバル企業が同様な製品/サービスを市場投入するというメディア報道があったこと
　②それに伴い発注元顧客のトップ命令で本製品/サービスの市場投入を予定より1ヶ月前倒しでやりたいと言ってきたこと
　③それに対して顧客トップの依頼であり当社は政治的に受け入れざるを得ず、開発人員の増加も厳しい現実があるので早急に対応を考えなければならないこと

以上を説明した後で、時男はリーダーたちに大きめの付箋紙を配り、会議室のスクリーンに以下の質問を投影した。

出来ない理由ではなく、どうすれば出来るかで考えて欲しい

1） このケースの本質的な問題は何か？

2） それは誰の問題で、そして影響の範囲はどうか？

3） あなたなら、この問題をどのように決断し、どんな行動をするか？

4） この問題発生に対し、考えられる登場人物を列挙

時男は、「時間を与えるので、１つの質問に対し配布した付箋紙１枚以上を使って書き出してほしい」とリーダーたちに依頼した。リーダーたちは困惑しながらも仕方がなく大きめの付箋紙に自分の意見を書き始めた。

　時男もそうであったが、リーダーたちは今までの経験と知識で考えていた。

　そして相応の時間が経ったあと頃合いを見計らって時男は、
「では手を止めて、それぞれ書いたものをホワイトボードの各質問のところに貼ってください」
と言った。

　貼り出された大きめの付箋紙には以下のような言葉が書かれてあった。

1) 本質的な問題
- 顧客からの困難な要望への対応力
- 1ヶ月の前倒しが厳しい情況でも受けざるを得ない
- 顧客トップの要望が重要なのか、売れる商品を開発し納品することが重要なのか
- 準備出来ていないにもかかわらず、市場の都合で前倒しが必要とされている
- 不確実性の高い情報が多い。前提条件の確定に時間がかかる中で、意思決定を難しくしている
- 納期が難しい要求に対しての対策が立てられないこと。発注元トップが無茶を言ってきたこと
- 顧客側のマーケティング力がない。そもそも顧客側が日頃から競合他社の動向をくまなくリサーチし情報を掴んでいれば、もっと早い時期の対応が可能だったはずで、こんな急な無理難題は起きなかった

2）誰の問題？その影響範囲は？
- 自社での対応だけでは厳しい問題。範囲は会社全体、顧客
- 自社の問題でもあり、顧客の問題にもなっている。自社の問題としては、これを断れば次回以降の仕事がない。顧客側はライバル企業に先行利益を持っていかれる
- 顧客の問題と、顧客の製品を買う人の問題。自社の開発チームに影響
- 変更を実行すると決定すれば影響は自社内
- 製品開発を行う我が社のプロジェクトメンバー。発注元顧客。製品/サービスを利用するユーザ。ライバル企業
- 自社社長の問題。自社開発部門、広報部門、営業部門各々。発注元顧客
- 自社の体制やマネジメントの問題。顧客の期待にも影響する
- 発注元の問題で発注先や社内の開発担当者に影響（システム開発会社と発注元の担当者）

3）あなたの決断と行動

- 無理に納期を早めても失敗する可能性の方が高い。納期はそのままにして付加価値を付けたり、広告や販売方法の工夫で対抗する。または、先行販売された製品の影響力に便乗して販売する
- 顧客トップを交え、問題点を率直に話し合う場を設ける。その前に、時間の許す限り問題点と解決策を考えておく
- ライバル企業の戦略を調べる。製品の性能やターゲット、マーケティングなど。それが顧客のビジネスにどのくらい脅威なのか、早く納品することが本当に正しいのかを判断する
- 自社内で対応できる範囲（時期、条件）を調べて顧客と交渉する。できない分は外注する、先ずは機能を減らして対応する、自社内の調整を行うなどの対策を検討する
- ライバル会社の機能の調査。不要な機能の見直し（スコープを見直す）。顧客の要求変更に対応する場合のリスク、前提条件を洗い出す。変更に伴う予算の見直し。顧客要件を受け入れる

条件の提示。人員の確保
- 同業他社の「同様な製品」は、どの程度似ているのか。もしかしたら本当は機能、価格、ターゲットなどが自社と違う可能性もあり。自社が判断を変える必要がないかもしれないので、まずは情報収集。そもそも１ヶ月の妥当性とその効果を検証する

4）登場人物
- 顧客トップ、自社トップ、開発担当、エンドユーザー
- 顧客のトップ、顧客の担当、顧客の商品を買う人、自分、開発チーム、自社トップ、上司
- 我が社の責任者、スポンサー、プロジェクトメンバー
- 社長、開発の長、広報部長、営業部長、相手先の責任者
- 発注者、ライバル企業、受注側トップ、担当者、販売、営業、製造

時男はリーダーたちが書いてくれた大きめの付箋紙の言葉を眺めながら「色々な意見があるなぁ」と呟いた。そして、どうやって意見を収束させ、かつ関係者全員の合意形成を取りながら調整して行けば良いだろうかと頭を悩ませ始めた。

「ここで出た意見をまとめるのに、例えばＳＷＯＴ分析とかしても、簡単には結論を導き出せないぞ。時間が相当かかるな」
と時男はため息が出てしまった。

　それに反して、リーダーたちは一様に心の中でこう思っていた。
「こんな時間がもったいないから、さっさと仕事に戻りたい。そもそもこんな問題を解決するのは俺たちの仕事じゃない、あんたらの仕事でしょう！」

さて、事態はどのように展開するのだろう。

　何となく解決策はあるとも思える。これは、エンジニアとしての『勘』だ。時男は今までもっと困難な案件も『経験』している。だけど今の時代は違う。力ずくではうまくはいかない。

　時男は、簡単に結論が出せないと改めて頭を抱えた。

（勘/経験/度胸でやった話　おわり）

■　ブレイン・コネクトを使ったエイ子の話

※注意：このエイ子の話は、先の時男の話とは"パラレルワールド"になっています。開発事業部長に呼び出された時男が、開発リーダーたちを集めたところから、こちらのワールドに切り替わります。

・・・・

　納得のいかない時男であったが、トップ命令では仕方がない。まずは現場のリーダーたちと相談してみようと思い、各グループの開発リーダーを招集することにした。リーダーたちが集まると、時男は「リリース間近で奮闘しているこの時期、1分1秒の余裕もない時に集まって貰って申し訳ない」と言葉を切り出し、つい先ほど開発事業部長から言い渡された話をした。

納期を３か月後に控えた超忙しい時に、プロジェクト＆プログラムマネジャーの時男から緊急招集され、そしていきなり顧客トップの無理難題を言い渡されたリーダーのひとりであるエイ子は、顔面蒼白を超えて爆笑してしまった。
「エイ子、そんなに笑えることか？これを乗り越えて顧客も我々も Win-Win になるための、何か良いアイデアはありそうか？」
時男は大爆笑しているエイ子に向かって聞いた。

　そう聞かれてエイ子は秒速コンマ１秒、つまり瞬時に即答した。
「あるわけないじゃないですか」
その返答に落胆した時男に向かって、エイ子は言葉を続けた。
「でも私、最近ネット通販で買った本があってそれが面白そうなんですけど、使ってみますか？」

時男はエイ子に尋ねた。

「それは何だい？」

エイ子は「ちょっと待ってくださいね」と言い残し、自席に戻って四六版の横長でちょっと変わった装丁の書籍を手に持って戻ってきて、時男に渡した。それは、「たった１枚の紙で、誰でも意思決定できてしまうブレイン・コネクト」というタイトルの書籍だった。

「マネジャーは今、意思決定に悩んでいるんですよね？だったらこの本が使えますよ」

と、エイ子は笑顔を見せた。

　時男は胡散臭そうに、しかしエイ子の笑顔に幾ばくかの期待を抱いて、渡された書籍のページを開いてみた。そのページには、「意思決定の新しい思考フレームワーク」と書かれていた。

Brain connect(ブレイン・コネクト)の特徴

①従来型の意思決定ツールのような、MBAや中小企業診断士ばりの**知識や訓練が不要**となる。⇒誰でも使える

②**一枚の紙**で描き表せて、3つのステップを踏めば意思決定にまで繋げられる。⇒**簡素、シンプル、時間短縮**

③一人で使っても良いが、**グループ共同作業**としても行えるので、**作成と同時に合意形成が完了**する。⇒合意形成

④従来型のように、ねじり鉢巻きで長時間かけて作り上げるのではなく、**皆でワイワイがやがや創れる**ので、ストレスがなくブレークスルーができる。⇒**ストレスフリー**

⑤とにかく**短時間で**、楽しくできてしまう。⇒**働き方改革**

時男は「そんな簡単に出来るのか？」とエイ子の言葉を疑ったが、エイ子は若い割には信頼できる有能な人物なので、もう少しページをめくってみた。

ブレインコネクトの要素技術や技術基盤

1）発想法（連想と想像）としての**マインドマップ**

2）失敗を取り込み、逆転の発想に変換する手法としての
インプロヴィゼーション（即興技術）

3）思考法・設計手法としての**デザイン思考**

時男はエイ子に向かって
「君はこれを読んだのかい？であればちょっとやってもらえないか？」
と言って、エイ子にその場を委譲することにした。

　エイ子は「了解！」と答えて、その場を仕切ることにした。
　エイ子が最初に、時男やリーダーたちに言ったことはこうだった。
「この『ブレイン・コネクト』は、インプロ、デザイン思考、マインドマップを要素技術としていますが、別にそれらを知らなくても出来ます。皆さんは私の質問に答えていくだけで良いです。ちょっとした気分転換、頭のリフレッシュだと思って少しだけ私に付き合ってください」

　そう言ってエイ子は、始める前にちょっと奇妙な身体を使ったインプロのエクササイズを、参加者を巻き込みながら５分くらいやった。そして、さっそく『ブレイン・コネクト』を始めた。
「まず、現在起きている事象を中央に書きます。その後、その事象に対してＰａｉｎとＧａｉｎを考えます。Ｐａｉｎとは、その事象による痛みや苦痛や悩ましいことで、日本語では『そのせいで』と言います。Ｇａｉｎはその逆で『そのおかげで』と言ってアイデアを出します」

「いきなり納期短縮と言われても開発人員に余裕がないですよね。そういう場合は、例えばこのように描いて考えて行きます」簡単な説明をすると、エイ子はホワイトボードに以下の図を描き始めた。

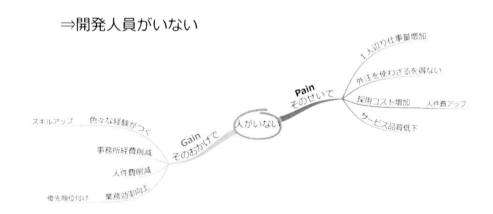

第1章　無茶な顧客

時男はそれを見て言った。
「面白そうな図だけど、要はメリットとデメリットを洗い出す方法なのか？」
エイ子は即座に答える。
「いいえ、一見メリットとデメリットの二側面のようにも見えますが、決してそういうものではありません。あくまでもPainとGain。つまりは、『そのせいで』起きること/起きたこと、『そのおかげで』起きること/起きたことの観点になります。ここは重要なところです」
「今は説明のためにチョロっと書いただけですが、実際はステークホルダーに分けて『そのせいで』と『そのおかげで』を洗い出して行きますので、必ずしもメリット/デメリットにはならないことがやってみると分かると思います」

「じゃぁ、今回の件を早速『ブレイン・コネクト』でやってみましょう」
「これは関係する皆さんと一緒にやるものです。私が質問を投げかけますので、皆さん思い思いのことを、深く考えず直感で言って貰って良いですので言葉に出してみてください。それを受けて私がファシリテーションをします」
そう言って、エイ子は質問を始めた。

「まず、今回の納期短縮に関してステークホルダーは誰でしょうか？」
言葉は参加者から自発的にあふれ出てきた。
「まずは我々、"開発部隊"がステークホルダーだ」
「プロジェクトオーナーの"開発責任者"もステークホルダーだね」
「ウチの会社の経営"トップ"も当然ステークホルダーだ」
「あと、"発注元顧客"も同じくステークホルダーになる」
そこまで言葉が出たあと、エイ子は「まだ他にありませんか？」と尋ねた。
　時男は言った。
「今回メディア報道があった顧客のライバル企業も、我々が納期短縮に応じたら利害関係を持つんじゃないのか？」
エイ子は答えた。
「そうですね、当然"ライバル企業"もステークホルダーになります」
そう言ってエイ子は、皆が言ったステークホルダーを、『そのせいで』と『そのおかげで』の先に枝を伸ばして書き出して行った。
「では、これからブレイン・コネクトのStep1をやります！」

第1章　無茶な顧客

ブレイン・コネクト（ステークホルダーごとのアイデア出し）

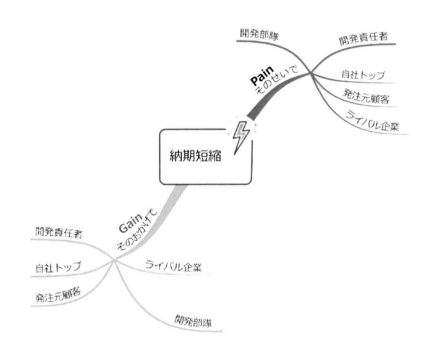

そう言ってエイ子は、ステークホルダーごとに『そのせいで』の質問を投げかけて行った。
「開発部隊、納期短縮『そのせいで』どうなりますか？どうなりましたか？何が起きますか？？」
誰かが答える。
「納期が短縮されれば、そのせいで開発部隊は"納期が切迫"して、"一人当たりの仕事量が増える"」
それにつられて別の誰かが答える。
「そのせいで開発部隊は、"ストレスが増え"て、もしかしたら"健康を害する"かも」
同様に連鎖して皆が答えていく。
「そのせいで"残業が増加する懸念"があるな」
「そのせいで、"品質が下がるかも"」

　エイ子は、ありがとうございますと言って、次は開発責任者の質問をした。
「開発責任者、納期短縮『そのせいで』どうなりますか？どうなりましたか？何が起きますか？？」
それにつられて時男も含めて他のリーダーたちも思い思いの言葉を出して行った。
　次は自社トップに対する質問。

第1章　無茶な顧客

「自社トップ、納期短縮『そのせいで』どうなりますか？どうなりましたか？何が起きますか？？」
続けて時男も含めて他のリーダーたちも思い思いの言葉を出して行った。
　そして発注元顧客に対する質問。
「発注元顧客、納期短縮『そのせいで』どうなりますか？どうなりましたか？何が起きますか？？」
さらに続けて時男も含めて他のリーダーたちも思い思いの言葉を出して行った。
　最後はライバル企業に対する質問。
「ライバル企業、納期短縮『そのせいで』どうなりますか？どうなりましたか？何が起きますか？？」
ここでも時男も含めて他のリーダーたちも思い思いの言葉を出して行った。

　『そのせいで』に対するエイ子の一通りの質問が終わると、今度は『そのおかげで』を使って同様の質問を始めた。
「開発部隊、納期短縮『そのおかげで』どうなりますか？どうなりましたか？何が起きますか？？」
　続けてエイ子は"開発責任者"、"自社トップ"、"発注元顧客"、"ライバル企業"についても、同様に質問して行った。

「開発責任者、納期短縮『そのおかげで』どうなりますか？どうなりましたか？何が起きますか？？」

「自社トップ、納期短縮『そのおかげで』どうなりますか？どうなりましたか？何が起きますか？？」

「発注元顧客、納期短縮『そのおかげで』どうなりますか？どうなりましたか？何が起きますか？？」

「ライバル企業、納期短縮『そのおかげで』どうなりますか？どうなりましたか？何が起きますか？？」

リーダーたちや時男は、銘々に思いついた言葉を自由奔放に出して行った。そこには眉間にしわを寄せたり、思い悩んだ表情はなく、誰もがイキイキと、気づきと発見を楽しんでいるような雰囲気だった。

　そして、リズミカルに色々な言葉が出てきたのを受けて、エイ子はホワイトボードに枝を伸ばしながら書き加えて行った。その図は以下のようになった。

第1章　無茶な顧客

ブレイン・コネクト　Step1　⇒ステークホルダーごとの質問から出た言葉

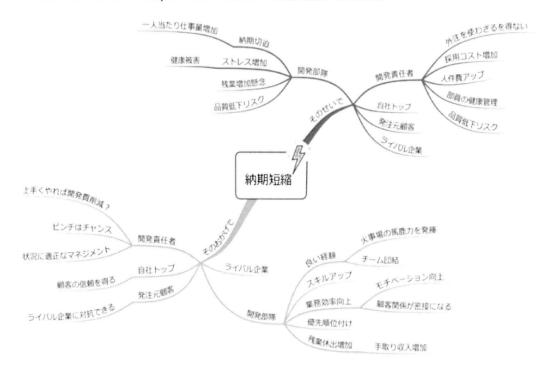

やってみて直ぐに分かったことは、確かに時間をかけずに全員のアイデアが１枚の紙上でまとまる感じであった。
　何よりもアイデアを思い浮かべるのに悩んだり頭を抱えたりストレスを覚えることが全くない。自然な感じで「納期短縮『そのせいで』〇〇は？」と質問するだけで、リーダーたち誰からともなく色々な言葉が溢れ出て来きた。要した時間もあっという間で、１０分とかからなかった。

　エイ子はファシリテーションと、参加者から出てきた言葉をホワイトボードに板書しながら、常に「イイですね」、「それは凄い！」などと合いの手を入れ続けていたのも、通常の会議の仕方と違うなと思いながら時男は感心していた。

　一通り『そのせいで』と『そのおかげで』を書き終えるとエイ子は言った。
「今ブレイン・コネクトのStep 1が終わりました。次はブレイン・コネクトのStep 2となりますが、Step 2はこのホワイトボードに書き出されたStep 1の言葉を時系列で見直すことをやります。これも大した時間はかかりませんので、気楽に考えてください」

第１章　無茶な顧客

ブレイン・コネクト Step 1 はステークホルダーに集中してアイデア出しのみを行い、Step 2 では出したアイデアがいつ起きるのか（今すぐなのか、後からか、ずっと先の事なのか等）のタイミングの視点から、改めて言葉を冷静に時系列の観点で並べ替えるのだとエイ子は説明した。

ブレイン・コネクト　Step 2 （時系列）

描いたマップ上の言葉を改めて眺めます。

① 今すぐ起きること
② 暫くしてから起きること
③ その後に起きること

ざっくりと3段階（あるいは4段階でもOK）の**時系列に分けて**みてください。
　（言葉に上記時系列の印をつけてください）

「では、皆さんが出した言葉を改めて眺めて、いますぐ起きることはどれですか？」
「暫くしてから起きることはどれですか？」
「その後に起きることはどれですか？」

　ブレイン・コネクトでは、『そのせいで』と『そのおかげで』から発想された言葉を、緊急性や重要度、そして他への影響度の視点で見直すために、Step 2で行う作業は時系列での見直しによる識別としている。
　そして、時系列で見直している最中に、新たなアイデアが出てきたり、さらには新たなステークホルダーが出てきたりすれば、それを書き足して行けば良いことになっているので、Step 2はStep 1での抜け漏れチェックの機能も持った作業も兼ねていることになるのだと、エイ子は説明した。

　エイ子は参加者から発生タイミングの時系列に関する意見を引き出しながら、すぐに起きることを実線で丸付けし、暫くしてから起きることを点線で丸付けした。そして残った何もつけなかった言葉はもっと後に起きることとして識別し無印にした。

第1章　無茶な顧客

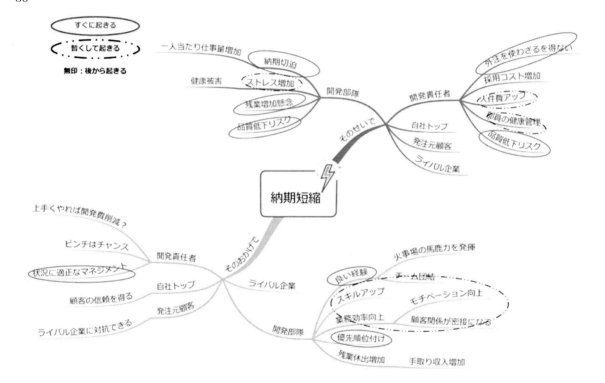

エイ子は言った。
「どうでしょうか？」
「これをじっくり眺めてどう思いますか？何か意思決定を導き出せそうでしょうか？」

ブレイン・コネクト　Step 3 （意思決定）

　印をつけた言葉を改めて眺めます。

　対応や意思決定の優先度や重要度は、
　時系列や他ステークホルダへの影響などで判断します。

　その結果で、あなたの意思決定を導出してください。

「これを改めて鳥瞰して何が分かるかだな」時男は呟いた。
するとリーダーの一人がぽつりと言った。
「こうやって見ると、納期短縮は困難な事だけどこれを乗り越える事によって色々な効果が出てきますね。最初は不満ばかりだったけど、何か挑戦しがいのある出来事のように思えてきた」

エイ子は言った。
「どうですかマネジャー。このブレイン・コネクトってシンプルでありながら強力に使えそうな思考フレームワークに思えませんか？」
時男はエイ子に向かって答える。
「確かに、これはなかなか良い感じのツールだ。何よりもストレスがなく、そして楽しい！」
その場にいた他のリーダーたちも同感して、首をウンウンと縦に振っていた。

時男は話を続ける。
「じゃぁ、これらをもとに我々は今後どんな対応をするかの意思決定を皆で考えてみよう！」
全員でホワイトボードを改めて見直すと、溢れるように色々な意見が出てきた。

「人がいない、その状況から業務効率アップや、優先順位付けが必須になるな」
「納期切迫、その状況から更なるチーム団結や、顧客との関係を密接にする必要があるな」
「その状況から、やみくもに急きょ人員を投入してもリスクの方が高いよ」
「その状況から、品質低下のリスクも高くなる」
「その状況から、顧客の理解を得るためにも顧客を更に巻き込むことが絶対に大切だ」

　エイ子が言った。
「どうですか皆さん、意思決定に繋げられそうですか？」

　誰からともなく言葉が出てくる。
「競合と戦える内容で機能を抑えて１ヶ月前倒しで先行リリースしようか」
「そして１か月後（本来のリリース日）にフルスペックで第二弾リリースをして、競合を蹴落とし、顧客が優位のポジションに立てればウチも顧客も Win-Win だ」

　その言葉を聞きながらエイ子はホワイトボードに書き加えて行った。

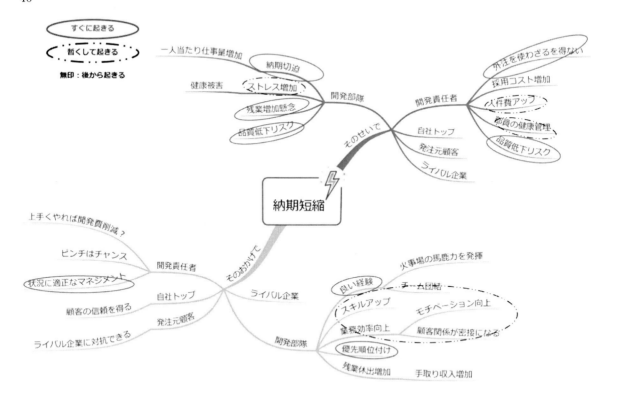

【意思決定/判断】
- 競合企業と戦える内容で機能を抑えて先行リリースする
- さらに１か月後（本来予定のリリース日）に、フルスペックを第二弾リリースで、競合他社を蹴落とし、俄然優位のポジションに立つ
- 顧客トップに機能を抑えた先行リリースの効果を説明。説得して１ヶ月前倒しから、何とか２週間前倒しに再調整する。それでも競合に対してのインパクトは強いことを説明する。

　時男は改めてブレイン・コネクトに要した時間を確かめるために時計を見た。
　ここまでの Step１〜３までの作業をリーダーたちと全員で行うのにかかった時間をみると、２０分も経っていない。時男は目を疑ったが時計に狂いはなく、短時間で済んだことを理解した。
　時男は、「そのせいで、そのおかげで、という日本語の言い回しがシンプルでありながらも深みがあり、凄く強力だ！」と叫んだ。
　「エイ子ありがとう、そして協力してくれた皆ありがとう」そう言って、この２０分の結果を持って、時男は開発事業部長の元へ相談に向かった。

（エイ子の話　おわり）

第2章　意思決定ケース短編集

■第1話　ユウ子の話（教育：新任教諭への引継ぎ）

　ユウ子は公立高校の養護教諭をしている、いわゆる保健室の先生である。養護教諭は狭き門で、難関な採用試験を突破した優秀な人が多い。

　転勤で別の高校に異動するにあたりユウ子は、赴任先の養護教諭前任者から引き継ぎを受けた。何でもその高校は授業の一環として毎冬2月に泊りがけでスキー体験学習を行っているとの話であった。そして養護教諭もそのスキー合宿を引率しなければならないが、昨年はかなり大変だったとのことであった。

　前任者の話では、合宿中にインフルエンザが発生してしまい、かつ多くの生徒が連鎖的に発症してスケジュールは滅茶苦茶になってしまったという。そこで今年のスキー合宿では校長を団長とし、各

クラス担任と副担任、学年主任そして養護教諭のユウ子が生徒たちと同行するだろうとのことだった。

　さらに前任者はユウ子に言った。
「実は、少し風邪気味のＫ子という女子生徒が一人いて、生徒の母親が言うには、『昨夜から調子が悪くなり病院に行ってインフルエンザの検査もしたが陰性だった。今朝は熱がないし本人も行きたがっているので連れて行って欲しい。念のためマスクもしてきた』という事だったの。当日朝の突然の事だったので学校にも連絡が取れず、その場の引率職員で相談をし、インフルエンザ陰性で当日は熱がないことと、本人の参加したい意思を尊重して連れて行くことになったの」
　前任者は列車移動中、定期的に体温検査を続けＫ子を他の生徒から隔離していた。しかし、次第にＫ子がぐったりしてきて体温も３９度まで上昇した。前任者はすぐに学年主任とＫ子のクラス担任に報告したが、移動の中で下車させることも難しかった。結果として合宿先に着いたところで現地病院

第２章　第１話：ユウ子

へ連れて行き、今回の合宿は断念させようという話になった。K子もその結論に納得し、列車到着後にK子はクラス担任と現地病院に直行した。

　幸い他の生徒たちは問題なく行動しており、日中のスキー体験を終えて夕食を迎える時間になった。夕食後の職員定期会議でK子の診断結果が伝えられた。病院でインフルエンザの診断が下り、保護者の迎えで自宅に戻ることになったということであった。昨夜の時点では潜伏期間の関係で、簡易検査でのインフルエンザ陽性が出なかったようだった。しかし、それで一件落着にはならなかった。

　翌朝になって、合宿先で体調不良を訴える生徒が数名でてきたのだ。体調不良の数名は３８度の発熱がみられた。いつ何処で感染したかは特定できないが、もしインフルエンザとしても発熱したばかりでは検査をしても陰性と出る可能性が高い。そこで、しばらく部屋を隔離し様子を見ることにした。しかし困ったことに、その後も体調不良の生徒が出現し、集団発生状態となった。前任者も引率職員らもどう対応していけば良いのか分からなくなり、混乱状態が続いたとの話であった。そして、予定

していた合宿スケジュールは実施不能となってしまった。

　ユウ子は前任者に聞いた。
「昨年そんな事態が起きたのなら、今年はどのように対応するのですか？」
前任者は答えた。
「詳しいことは私には分からないわ。これから詰めて検討していくんだと思う。いずれにせよ今年は校長がスキー合宿の団長で入るというからね。とにかく養護教諭は学校にはあなた一人だし、保健の専門家なんだから忙しくなるわよ。しっかりやってね。」
　その前任者の他人事のように聞こえる言葉に、ユウ子はとても不安になってしまった。しかし、赴任したての学校では立ち居振る舞いにも限界がある。そこでユウ子は、最近ネット通販で買った「たった1枚の紙で、誰でも意思決定できてしまうブレイン・コネクト」という本を見ながら、まずは自

分で考えてみようと思った。

「インフルエンザ発生、そのせいで、そのおかげで・・・」

そう言ってユウ子は、『そのせいで』、『そのおかげで』と思考を始めた。

「あっ、真ん中の言葉は文字でも良いけれど、出来ればイメージ画の方が良いとも本に書いてあったわね」そう呟いて次は中央に発熱した女子生徒を描いてみた。

「こんな感じで良いかしら？」ユウ子は、自分で描いた絵だったが、それを改めて眺めると単にインフルエンザ発生と文字で書くより、状況に対するイメージが膨らんでくるのが感じられた。

「なるほど、これが『イメージの効果』なのね！せっかくなので、色も塗ってみようかな。さらにイメージが広がりそうだわ」といって、ユウ子は自分の描いた絵に色鉛筆で軽く色塗りをした。

第2章　第1話：ユウ子

「良い感じ！」とユウ子は独り言。

「じゃぁ次は、この絵を中心に置いて各ステークホルダーを考えてみるのね」
そう呟いてユウ子は、前任者の養護教諭から引き継いだ話のステークホルダー（関係者、組織、登場人物など）を書き出していくことにした。
「登場人物、関係者は誰かしら？」
ユウ子は軽く宙に目を向けて考えた。
　ユウ子は思いつくままステークホルダーをあげ、先ほどのイラストの左右に書き出した。
- ・K子
- ・養護教諭
- ・引率職員ら
- ・発熱生徒（合宿先で発症した生徒）
- ・他生徒（健康、体調に変化の無かった生徒）
- ・高校側

「そして、これらのステークホルダーごとに『そのせいで』と『そのおかげで』を考える…」

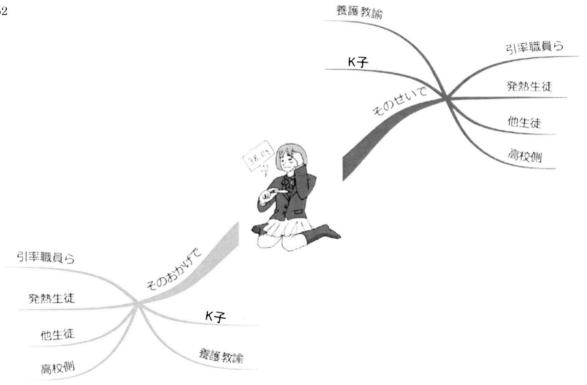

まずは最初に発熱したK子からだ。インフルエンザを発症した"K子"は、そのせいで"旅行を断念"し"帰宅"となり、さらには"皆に迷惑"をかけてしまうこととなるだろう。
　では、"養護教諭"はどうか、そのせいで"病院に引率"し"忙しく"なる、保健の"専門家としてのフォロー"が期待される。当然"他の生徒も心配"で、"対応検討"を迫られるだろう。
　次は"引率職員ら"だ。そのせいで"予定変更を検討"しなければならないし、"宿泊先での対応"が起きるし（部屋の隔離などが必要だが、そもそもそんなに空き室があるのか？）、"他のイベント対応"も起きて、とにかく"多忙で混乱"するに違いない。
　もちろん"他の生徒の心配"もあるし、インフルエンザの"拡散防止対策"や"患者増加のリスク対応"もしなければならないことはいうまでもない。
　そして合宿先で"発熱した生徒"らはどうか？
　そのせいで、合宿目的の"スキーができなくなる"し、予定していた"他のスケジュールも実行不能"になり、そもそも今回の"合宿が楽しめない"状態になる。
　それに対して、発症しなかった"他の生徒"はどうだろうか？
　そのせいで自分もインフルエンザに感染したのではないかの"罹患不安"に陥るだろうし、結局は高校の思い出のスキー合宿が"楽しめない"結果となる。

第2章　第1話：ユウ子

最後に"高校側"としてはどうだろうか？
　そのせいで当然"責任問題"が発生し、"保護者などに説明会"をしなければならないことになるかもしれない。その他にはないだろうか？ユウ子は天井を見ながら考えを巡らせた。
　少なくとも昨年は現場で対応していたが、あまり賢いやり方とは思えない。そして事態が収まった後で良いので、生徒を連れて行くことの判断基準は作らなければならないだろう、と思った。

　昨年は当日の朝、K子の扱いをその場の職員だけで判断した。やはり生徒が泊りがけの合宿などに参加させる/させないを客観的かつ明確に判断できるための参加基準が必要だろう。そして非常事態発生の場合の役割分担が事前に決められていて、どんなとき誰がどんなアクションを起こすのかといった職員体制の基準も、その場で迷わないために事前に作っておく必要があるだろう。

「あぁ、でもそれ以外に本来高校側がすべき、もっと根本的な何かがあるはず・・・」とユウ子は思えたが、その時はすぐに思い浮かばなかったので、「手順通り後回しで考えることにしよう」と決めた。『ブレイン・コネクト』の本を読むと、後から思いついたら追加して書き足せば良いと説明があったからだ。

いずれにせよ、ササっと時間をかけずにやってみて「この思考のフレームワークは楽だわ！」とユウ子は思った。書きながらも余り悩むことなく、何だか『ブレイン・コネクト』の手順に自動書記されたようにも感じていた。そしてユウ子は一人で『ブレイン・コネクト』を書きながら、だんだん面白くなってくる自分を感じていた。

　『ブレイン・コネクト』の手順では、『そのせいで』を書き出し終えたら、次は『そのおかげで』をステークホルダーごとに書き出していくことになっている。
　しかし『そのせいで』の部分を書き終えたユウ子は、まず『そのせいで』起きること、起きたことを改めて俯瞰してみることにした。

「こうやって自分の思考を見える化できるというのが良いわね。頭の中であれこれ思い描くだけでなく、ちゃんと文字として1枚の紙に書き出して行くのは、自分の思考の流れも再確認できるし、これを他の人に説明する場合にも視覚化しておくことはとても便利だわ」
そう呟きながら、ユウ子は抜け漏れがないことを確認した。

第2章　第1話：ユウ子

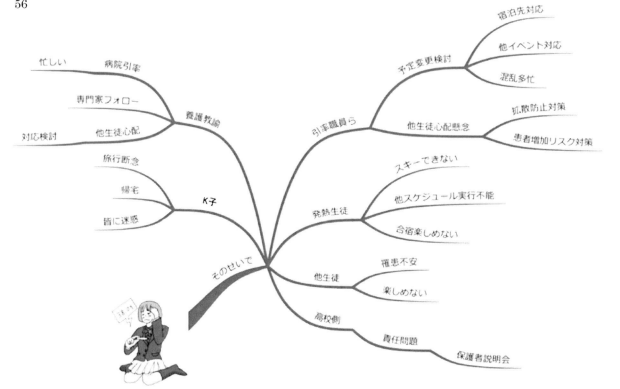

「次は『そのおかげで』をステークホルダーごとに書き出そう！」
　最初にインフルエンザを発症した"K子"、『そのおかげで』はさすがに思い当たらない。何か思いつけば後から書くとして、とりあえず次に進むことにした。
　インフルエンザ発症そのおかげで"養護教諭"の"経験値がアップ"するだろう。そしてインフルエンザ発症そのおかげで"引率職員ら"も同様に"経験値がアップ"する。
　インフルエンザ発症そのおかげで"発熱生徒"は、体調不良の身体を"休める"ことができ、周囲から心配され"優しくされる"だろう。
　インフルエンザ発症そのおかげで"他の生徒"は、何か別の楽しいことが起きるかも？の"未知の期待"を覚えるかもしれない。あくまでも仮定だが、**思いついてしまったので書いておこう。**
　インフルエンザ発症そのおかげで"高校側"は何をするのだろうか？
「事後対応が一杯ありそうね」
先ず色々な"判定基準作り"があるだろう。生徒の"参加基準"や"取りやめ基準"や"職員の体制基準"などだ。そして"次年度計画"の見直しが必要になる。具体的には"危機対応マニュアル"や、"引率職員配分計画"などだ。
　そして、様々な"フォロー"が必要になってくる。まずは発症することなく合宿から帰った生徒に

第2章　第1話：ユウ子

も体調の変化に気を付けることを促すことだ。また、今回の事件の犯人捜しを生徒の中で起こさせない対応や、最初に発症したＫ子が"いじめに遭わないような対策"も必要になる。そもそも彼女が他生徒への感染源と決まったわけではない。何故ならば、単純に時系列的に見ればＫ子が発端で、一見Ｋ子がキャリアになってその後いろいろな生徒がインフルエンザに罹患したように見えるかもしれないが、それは本当に本当だろうか？？

インフルエンザには発症までの潜伏期間がある。季節的なことから考えても、今回罹患した生徒は、そもそも合宿前から別経路で既に感染していて、たまたま発症したタイミングが合宿先であっただけに過ぎないかもしれないのだ。この点は気を付けて慎重に考えなければならない。

そして、前任養護教員からの引継ぎ内容から考えると、昨年は「大変だった」という結論だけで、だからどのように改善するのか？の視点が見えなかった。校長が団長として一緒に合宿に行くことが改善になるとは全く思えない。

不幸なインフルエンザ発症連鎖だったかもしれないが、高校側がやるべきことはそれをチャンスとして"教訓管理"することこそが、そのおかげでやれることになる。具体的には今後の"保健計画"と、"感染予防マニュアル"および啓蒙活動になるだろう。

第2章 第1話：ユウ子

「ブレイン・コネクト Step 1 はこれで終了ね！」

　そうユウ子は言って時計を見ると、わずか１０分もかかっていないことが分かった。
「随分サクサクと早く進むのね。今までみたいに頭の中であれこれ考えているだけでは、時間がいく
　らあっても足りなかったわ。この見える化が短時間と効率化を生んでいるのね！」
ユウ子はそう呟いて満足げだった。
　そして前任者から引き継ぎの話を聞いたときに覚えた、何が起きるか分からない不安は、Step 1 を書き終えたころには綺麗さっぱりと無くなっていることにも気づいた。不安どころか、解決への希望が見えてきて、何だか楽しくなった。
「今までの不安は何だったのかしら？フフフ」とユウ子は笑った。

　ユウ子は『ブレイン・コネクト』の本に戻り次の作業を見た。そこには「時系列で見直す Step 2」と書かれてあった。
　さっそくユウ子はその手順通りに進めてみた。
　内容は簡単なもので、Step 1 で出てきた各言葉を見て、①「すぐ起きること」、②「暫くして起き

ること」、③「後々起きること」の３つに選別するということであった。もちろん３つは固定ではなく、状況の複雑さや多様さによっては４つでも５つでも構わないとのことである（但し余り細かく分けすぎると煩雑になるので、３つか４つが良いと『ブレイン・コネクト』の本には書かれてあった）。
　すぐ起きることには、その言葉を赤丸（実線）で囲み、暫くして起きる言葉は黒丸（点線）で囲み、丸で囲まない言葉は後々に起きることとしてユウ子は選別することにした。まずは、『そのせいで』①「すぐ起きること」をやってみることにした。

　その後に続けて、『そのおかげで』の方に赤丸（実線）をつけてみた。『そのおかげで』の方ですぐ起きそうなことは、発熱生徒はすぐ休めることくらいしか思いつかなかった。

「こんな感じかしら？また気づいたら後で書き足せば良いらしいから、まずはここまでにして休憩しましょう」
そう言ってユウ子は紅茶を一口飲み、丸付けした『そのせいで』と『そのおかげで』を改めて見直すことにした。

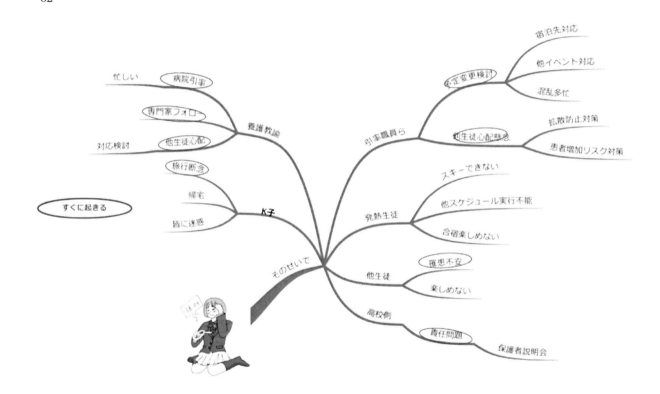

第2章　第1話：ユウ子

次は、『そのせいで』側に②「暫くして起きること」に対し黒丸（点線）を付けてみた。そして、『そのおかげで』側にも②「暫くして起きること」に対し黒丸（点線）を付けてみた。

　丸を付けなかったものは③「後々起きること」になる。
　ここまでが『ブレイン・コネクト』のStep 2で、時系列で選別するという手順である。

　そして最後のStep 3が意思決定に繋げる手順となるが、ユウ子は全体像を改めて見渡してみることにした。
「ここから見えてくるものは何だろうか？」
そう言って、全体像を俯瞰しながら目を細めてユウ子は呟き考えてみた。

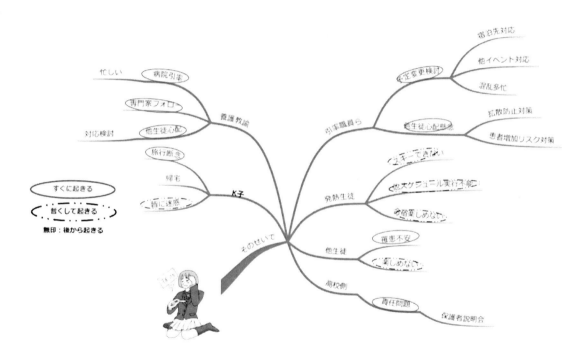

第2章　第1話：ユウ子

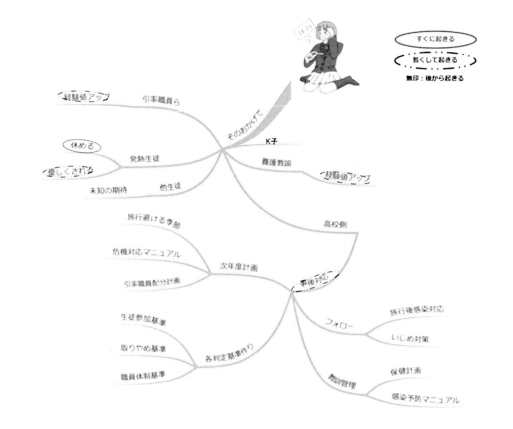

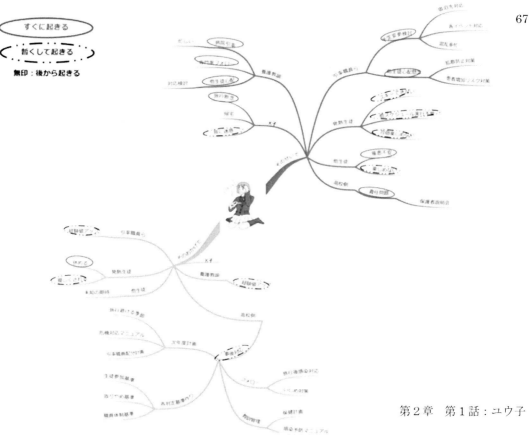

第2章 第1話：ユウ子

そもそも、このような問題は現場の職員が場当たり的に対応するものではなく、緊急事態だからそれに応じた対処が必要だ。そう考えると、高校側は先ず「対策本部を設置」するべきではないだろうか。昨年はそれをせずに現場でやったので混乱した。
　それにも関わらず今年は昨年の根本的な問題には対応せずに、校長を団長として合宿を実施すると前任者の養護教諭が言っていた。やはりそれは見当違いの対応に思える。校長を団長にしたからといって、それだけで問題がスッキリすることはないだろう。

「そうだわ、つまり緊急対策本部が必要なのよ！」
ユウ子は自分で描いた『ブレイン・コネクト』を見て何かに気づいたように叫んだ。
　対策本部は一義的には合宿先の現地に設置だろうが、発症の状況によっては高校に設置して相互連携で動くことも必要だろう。校長は団長で合宿に同行するのではなく、高校に残り対策本部設置指示と、対策本部長任命（校長自身がやっても良い）をすべき人なのだ。今のままだと昨年度の反省と教訓が活かされておらず、今年も間違ったことをしてしまう危険性があることが『ブレイン・コネクト』で手に取るように分かると思った。
　そして対策本部を置くということで、何よりも養護教諭個人として動くのではなく、組織として動

くことができるだろう。特に今回のような緊急事態の場合は絶対にそうしなければならないことは明らかだ。そのおかげで養護教諭個人としての負担は軽減し、役割分担された対応や行動が統制されるようになる。

　インフルエンザ発症そのおかげで高校側は、「対策本部」を設置し、各種関係機関との連携、状況により人手が足りなければ応援職員を手配する、発症した生徒の無事の帰宅のために保護者の引取り体制を策定する、そして状況によっては現地看護師の派遣を依頼することもありえるかもしれない。対策本部が指示命令系統と各種連絡を実行する形になるだろう。

　高校側のやることはそれだけではない。色々と大切な"事後対応"が待ち構えている。やるべきことは少なくとも"次年度計画"、"各判定基準作り"、"教訓管理"がある。これが昨年は全くできておらず、今年のスキー合宿をしようとしている体制に警鐘を鳴らさなければ今年も大変なことになる危険性があるというものだ。

　次年度対策計画には、そもそもインフルエンザ流行の危険な２月という時期に問題がないか？スキー合宿をさせたいという希望は受入れるとしても、何か考えた方が良いのではないだろうか。このような検討が改めて必要になる。その上でどうしてもスキー合宿が高校として譲れないものであれば、実施を前提にリスク管理をどうすべきかを考える必要がある。

そして、病気や事故発生時の危機対応のマニュアル整備が必須である。さらには、昨年の引率職員の男女比はどうだったのか？共学の高校で、昨年の人数配分で問題はなかったのかなど、引率職員配分計画も必要となってくる。

「まだまだありそうだわ」
ユウ子は自分が描いた『ブレイン・コネクト』を改めて俯瞰してみた。
「あっ、ステークホルダーに保護者がいるのを忘れていた」
そして『ブレイン・コネクト』に枝を伸ばして書き加えれば、後から思いついた言葉を簡単に追加することが出来るのを思い出した。
「『ブレイン・コネクト』の枝は曲線で描くから良いのね！」
「これが図表だったら面倒だし、そもそもこの内容を１枚の図表で書き表すのは難しいわ」
「同じ線でも、直線だったら後から追加するのはストレスがかかって嫌な感じがするわ。それがウネウネした曲線で描くことの意味なのね」
そう呟きながら、ユウ子は『ブレイン・コネクト』に追加で描き加えながら納得していた。
「なるほどぉ〜、そういうことかぁ〜」とユウ子は呟いた。

やるべきことや意思決定すべきことが段々と自然に、あふれ出すように分かってくる感じがした。
　ここまでユウ子は一人でやっても２０分とかからなかったし、お茶を飲みながら気楽にできる感じであった。ユウ子は新しく赴任した高校で、まず何をやるべきかが分かったような気がして、スッキリした。

「『ブレイン・コネクト』を使うとこんなに簡単に、そして何よりも客観的に他者に説明できるレベルで物事や起きる事態の整理ができ、さらに問題解決への意思決定に繋げることができるんだ！」
「とはいっても、簡単な引継ぎ内容で描いてみただけだから、まだ不足している情報があるかもしれないわ。さっきの保護者というステークホルダーの『そのせいで』と『そのおかげで』も入れてみないと。他にも状況から考えて生徒のリスクを減らすことは色々できると思うわ」
「あっ、もしかしたら、教育委員会もステークホルダーかしら？」
　ユウ子はそう呟いて、透き通るように晴れ渡った青空を眺め、新任校でのモチベーションを高めていた。

（ユウ子の話　おわり）

第２章　第１話：ユウ子

■第2話　斉藤の話（行政：自治体助成金の必要性）

　斉藤は大学卒業後、湘南市の財政課の職員として8年間働いている。今年度から助成金交付の予算割り当てを担当することになった。
　予算作成の時期になると各課から事務事業についての予算のとりまとめを行うが、疑問に感じてきていることがある。
　もともと、助成金の用途は、町の活性化や雇用の創出、健康づくり、国の政策や県の政策に基づくものである。企画政策課や福祉課、商工観光課、環境課、上下水道課など色々な課から事務事業で助成金交付の予算申請が毎年同じように上がってくる。しかし、本当にその助成金は行政として自治体が交付し続けるべきものだろうか？
　市が独自で行っている助成金の交付は、市民が税金として納めてくれた財源から捻出されている。したがって助成金を交付する事務事業は市民にとって公益性が保たれ、有効性があるものでなければいけない。しかし、その点を各課は考えて申請しているのだろうか？単に形骸化しなが

らも前例踏襲で機械的に継続していないだろうか？

　色々な名目で交付している助成金は、自治体から私人に対して特定の行政上の目的のためになされる金銭的給付であり、公益上必要があると認められた場合に給付されている。
　助成金の給付には、次のような効果があると言われている。
　　・ 市民団体の育成、発展に寄与し、その活動を活発にするとともに水準を高める
　　・ 市民の経済活動など、さまざまな活動に活力を与える
　　・ 市民によるまちづくりが促進される
　　・ 行政需要の多様化への対応、行政の補完的な役割への期待
などである。また、課題もあると言われている
　　・ 財政の効率的運営を妨げ、財政硬直化の要因となる
　　・ 助成金の目的が達成され効果が薄れても、その廃止が困難である
　　・ 支出をする上で明確な原則や基準がない場合、画一的、総花的になりやすい
　　・ 本来、行政責任においてなされるべき事業が、助成金という形で安易になされやすい
などである。

斉藤自身、助成金を出すことのメリットはあると考えていた。
　今後も市内事業主に助成金を出し続けることが、事業主の事業継続意欲を高めることに繋がるだろう。そして、その事業が湘南市にとって必要不可欠であり、行政が行うよりも小回りが利き細やかな事業が行え、さらに経費削減に繋がるものであれば湘南市としても助成する価値はある。
　また同時にデメリットも感じていた。
　申請される事業そのものは、湘南市からの希望や依頼ではなく、「湘南市活性化」を名目とした大まかなテーマのものが多い。具体的な活動に関しても、あくまで各事業主が考えた内容である。それは、湘南市活性化に結び付けながらも個別事業主が自分でやりたい事業の運営費用を市に頼っているということでもある。
　もし継続していた助成金を打ち切りにした場合、事業主はその事業から撤退してしまうことも予想される。事業主は湘南市からお金が出るので事業を行っていただけで、お金が出なくなると旨味はなくなり継続をやめてしまう可能性は高い。
　そもそも助成金がなくても継続したいと思う事業は、旨味が多ければ自前で自由に展開して行くはずである。わざわざ面倒な手続きを経て、その後の報告もしなければならない助成金申請などはしない。

つまり斉藤は、助成金交付は自治体の自己満足であり、本当は市内事業主のためになっていないのではないか？と、疑問を持ち始めている。むしろ助成を続けないことの方が、市に頼らない「自立した企業」に育つのではないかと考えている。
　このようなことから斉藤の一番の悩みは、行財政改革を進める中、自治体経済の活性化と自治体経営にとって、どのように助成金行政を考えていけば良いのかということである。

　助成金を交付するということは、プロジェクトとしての側面も持つ。プロジェクトは有期であるが故に終期の設定や PDCA サイクルに則った見直しなどを行う。助成金を交付している自治体として市民に対する説明責任を果たしながら、計画的に改廃や拡大・縮小するといった見直しの考え方があっても良い、と斉藤は思っている。
　助成金に対する批判として、①交付の目的や根拠・基準が不明確である、②交付対象が様々な分野の団体に拡散している、③助成事業の効果・成果が曖昧である等、その実態が不透明な点が指摘されてきた。
　また、その不透明さゆえに助成金改革が行財政改革のアジェンダに挙げられても、不徹底なままにうやむやにされてきた歴史が湘南市にもある。よって自治体での「評価：アセスメント」の

視点も重要なファクターであると考えられる。

　ただ、市内には弱小零細の事業主も多く、自前のコスト負担を潤沢に出来るわけではない。そのために行うべき事業も伸ばせず、やってみたい事業にも手を出しかねている現状がある。
　斉藤は、事業運営資金が乏しいが技術もノウハウも持っている企業は、湘南市行財政のためにも成長させる機会を与えたいと思う。その為に助成金がツールになるのであれば意味はあると考える。「貰えるものは取り敢えず貰っておこう」といった安易な考えの企業には、大切な市のお金を使うことには躊躇するものの、市内の事業主との色々な繋がりを持っておくことには含みの多い潜在的な価値があることは否めない。
　また、スタートアップ企業を含め、行政には事業主から色々な相談が持ちかけられる。それは行政内部では思いもつかない課題の掘り出しに繋がることも多い。市財政を支える市内企業の成長と発展は湘南市にとっては不可欠な命題でもある。
　また、現実問題として助成金を得ている企業の多くにとって、助成が切れたら事業が成り立たなくなり税金も払えなくなってしまうことがある。せっかく様々な準備に労力をかけてきた企業も市も、簡単に事業継続をやめられてしまったら大きな損失を被ることになる。

そのように考えていくと斉藤は最初、助成金が行政の仕事であるのか否か？という単純な対立問題と考えていたが、実情の絡まりを見ていくとそう単純なものでもないと思い始めてきた。
　また、世の中には分野領域は特定されるものの自治体以外にも、独立行政法人や公益財団法人など助成事業を行っている団体もある。さらに商工会議所や各種業界団体が独自に行っている助成事業もある。それらを自治体の競合と考えるのか、共生パートナーと考えるのかはともかく、新しい公共の考え方や社会を構成する全ての者が、自助・互助・共助・公助の視点から湘南市全体の発展と成長を考えていく必要があると斉藤は思ってきた。

　助成金に関係するステークホルダーは色々あるだろう。羅列するだけでも、湘南市、助成金交付事業担当職員、その他の湘南市職員、助成金を受けている事業主、助成金を受けていない事業主、企業の従業員、消費者・・・などがある。
　参考にすべき他府県他市の助成事業の状況を踏まえながら、まだまだ調べなければならないことや、検討しなければならないことがある。斉藤は助成金交付担当者になったことで、これからどのように交付作業をやっていこうか考えていた。

丁度その頃、湘南市で導入している行政評価システムの事務事業評価のヘルプデスクがあることを知った。自治体向けコンサルティングファームの『ジチマネ』から派遣されてくるコンサルタントと面談形式で事務事業のマネジメントについて相談できる場があるらしい。斉藤は財政課長に申請し３０分枠の相談申し込みをした。

　脇田は中小企業診断士である。彼は５年前に電気機器メーカーを辞め、個人事業主として『脇田経営支援事務所』を開業し、中小企業の経営支援の仕事をしている。中小企業診断士は経済産業大臣から認められた国家資格で中小企業の経営者に伴走し、経営支援の仕事をするものである。
　脇田は営業力があるわけではないので、個人だけで仕事を取るのは難しいと考え、企業向けコンサルティングファームの『株式会社インクルージョン』や、自治体向けコンサルティングファームの『株式会社ジチマネ』、研修会社の『株式会社じんざい育成』などとパートナー契約を結び、仕事を請け負っている。
　自治体のコンサルティングというと民間向けの企業を相手とする中小企業診断士と違う畑のように感じるが、自治体も民間企業と同様に、自分たちの仕事を評価して、次年度の予算や仕事の改廃、拡大・縮小などを行ういわゆるＰＤＣＡの仕組み（行政評価）を導入しているところが

増えている。さらには各個人の目標管理の仕組みも人事制度に取り入れるなど、民間企業と同じような経営手法を取っている。そのため、民間企業での実務経験やマネジメントスキル、民間企業向けの経営支援のスキルが自治体向けのコンサルティング業務にも役立つ。このような背景もあり自治体からのマネジメントや人事評価制度に関する支援の仕事が存在する。

　脇田がパートナー契約をしている株式会社ジチマネは、湘南市より行政評価システムの導入とその運用のための支援業務を請け負っている。行政評価システムとは市で作られた総合計画を基に、基本目標、施策、事務事業を階層的に登録管理する。それは、各事務事業の進捗や結果を評価し、次年度の各事務事業の改廃、拡大・縮小などに役立てるＰＤＣＡをまわすための仕組みである。

　その日、脇田は行政評価システムの事務事業評価の仕方やマネジメントについて職員と面談形式で支援を行うヘルプデスクを実施するため、湘南市に出向いた。
　脇田は行政評価を担当する企画政策課に挨拶に行くと、今日の相談相手のリストを手渡され、ヘルプデスク用に用意された会議室に案内された。

第２章　第２話：斉藤

「最初の相談は財政課か」
と、つぶやきながらノートパソコンをプロジェクターに接続し、行政評価システムから財政課の事務事業一覧を表示した。そしてホワイトボードをテーブルの近くに移動させ財政課を待った。

　９時ピッタリにドアをノックする音がした。
「どうぞ」
「失礼します」と、３０歳くらいの男性職員が暗い表情で入ってきた。
「財政課の斉藤です。助成金の担当をしています。」
「ジチマネの脇田です。どうぞ、おかけください」
斉藤は脇田の向いの席に着いた。
「斉藤さんはヘルプデスクの利用は初めてですか？」
「はい」
「ヘルプデスクでは、湘南市の行政評価システムを見ながら記入の仕方など不明点を解決していきますので、遠慮なく困っていることを言ってくださいね」
斉藤は、さっそく脇田に相談を始めた。

「どちらかというとシステムへの記入の仕方よりも、担当する事務事業のマネジメントの考え方について相談したいのですが」

「大丈夫ですよ。行政評価システムは事務事業をマネジメントするための仕組みなので、マネジメントそのものの考え方も相談にお応えしますよ」

「脇田さん。実は助成金の交付について最近疑問に思うことが出てきていています。色々な課から助成金を交付する事務事業の予算申請があがってくるんですが、本当に行政として必要なのだろうかと・・・」

「斉藤さん。時間も限られているので、せっかくだから考えていることや思っていることを整理してみましょうか」

「はい、お願いします」

　脇田は席を立つとホワイトボードの前に立って真ん中に"助成金"と記入して、右上に枝を伸ばして『そのせいで』と書いた。次に左下に枝を伸ばして『そのおかげで』と書いた。

第2章　第2話：斉藤

そのせいで

助成金

そのおかげで

湘南市

「斉藤さん。助成金に関わる人に、どんな人たちがいますかね」
「関わる人たちですか・・・」
斉藤は少し間を置いてから
「助成金を受け取る住民や企業や団体のような"助成事業主"、それに助成金を出している湘南市や市職員を含む"行政"、市の行政に目を光らせている"市議会議員"、あとは・・・財源となる税金を納めてくれている"市民"ですかね」

　脇田は斉藤の口から出てきた関係者を『そのせいで』の横に枝を伸ばして書いた。
「脇田さん。"他の助成金を交付している団体"も関係者となりますか？似たような助成金を交付している団体があれば市が助成しなくても良い場合もあるのかなと思って」
「とりあえず関係すると思ったところは入れておきましょう。斉藤さん。助成金を受け取る住民と助成金を受取る企業や団体は分けて整理した方が良さそうかな」
「そうですね、私が疑問に思っているのは事業主への助成金についてなので、分けるというよりも"助成事業主"だけでいいと思います。」
「他にはないですかね？」

「ん～・・・・」
　３０秒ほど待ったが出てこないようなので脇田は質問をした。
「助成金を受け取っていない企業や団体も影響するかな？」
「あ～確かに原課（注釈１）からは助成金をもらっていない企業や団体からクレームが入る話も
　聞くので、"自立した事業主"も関係あるかもしれません」
※注釈１：特定の案件を担当している課のこと。主に官公庁などにおいて使われる言い回し。

「助成金に関係する人たちはこれぐらいでいいですか？」
「はい。思いついたら後で追加できますか？」
「大丈夫ですよ、気が付いたら追加しましょう」
と、脇田はホワイトボードの『そのおかげで』の横にも、『そのせいで』と同様に枝を伸ばして関係者を書いた。

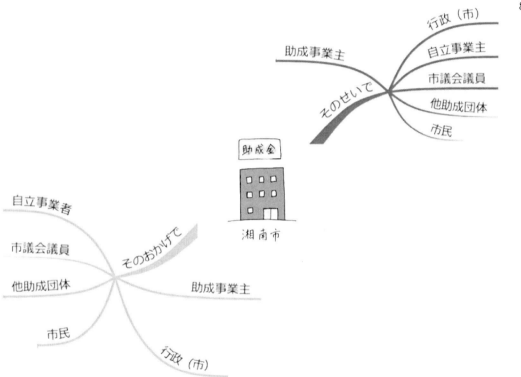

第2章 第2話：斉藤

「脇田さん。そのせいで、そのおかげで、って何ですか？」
「確かに、斉藤さん疑問ですよね。『そのせいで』、『そのおかげで』なんて見たことないでしょ。強いて言うなら頭の中のことを引き出して整理するための魔法の言葉かな・・・」
脇田は斉藤に質問をする。
「助成金を交付する、『そのせいで』助成事業主はどうなりますか？」
「そのせいで、ってことは悪いことだから、申請書や報告義務があるので報告書の書類作成が必要とかそんなのでいいんですかね」
「そうですね、助成事業主は面倒くさい書類作成作業が発生しますね」
と、言って助成事業主の横に"報告義務（書類作成）"と枝を伸ばして書いた。

「他に『そのせいで』助成事業主はどうなりますか？」
「助成金を管理するための手間やコストがかかるかな。あとは助成金に依存して自立できなくなるっていうのもあるな」
「確かにそうですよね。他の自治体にも行きますが助成金に頼りっぱなしの事業主や団体がいて困っている話をよく聞きます」

と、言いながら助成事業主の横に枝を伸ばし"各管理コスト"、"助成金依存症"と書き、助成金依存症の横から枝を伸ばして"自立できない"と書いた。
「思いつくのはそのくらいですかね」
「思いついたら追加すればいいので、次を考えましょう。助成金を交付する『そのせいで』湘南市はどうなりますか？」
「湘南市は"予算の配分に悩みます"。財源は限られているので。あとは助成金交付に関する手間や"管理コスト"もかかるかな」
　脇田は斉藤に質問をしながら答えをホワイトボードに書き、枝を伸ばすことを繰り返した。
「それでは、助成金を交付する、『そのせいで』自立した事業主はどうなりますか？」
「私が、助成金をもらっていない事業主なら、助成金によって"事業のライバルが増える"のは不公平な感じで嫌ですね」
「それでは、助成金を交付する、『そのせいで』市議会議員はどうなりますか？」
「市の行政に目を光らしているのは市議会議員だから、助成金事業で不満があったら自分が投票している市議会議員に不公平だと文句を言いに行くかもしれません」
「『そのせいで』市議会議員は"市民から苦情"を受ける、という感じですか？」

「はい、そうです」
「それでは、助成金を交付する、『そのせいで』他の助成団体はどうなりますか？」
「ん〜・・・」
斉藤は３０秒ほど考えていたが思いつく様子はなかったので
「さっきの助成金をもらっていない事業主のように自分が他助成金団体職員だったらどう思うか考えてみてください」
と、促したが出てこないようなので
「思いつくようなことはなさそうですね、後で思いついたら追加しましょう」
と、脇田は次に進めた。
「助成金を交付する、『そのせいで』市民はどうなりますか？」
「特に思いつきません」

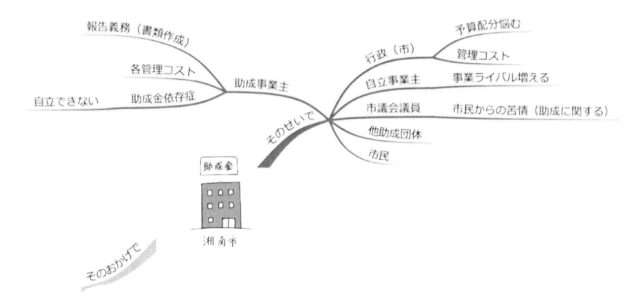

第2章 第2話：斉藤

「それでは、次は左側の『そのおかげで』どうなるかを考えましょう。助成金を交付する、『そのおかげで』助成事業主はどうなりますか？」

「そのおかげで、ということは良いことだから、事業が継続できて自立できるみたいなことでいいんですか」
「そうです」
　と言って、脇田は『そのおかげで』側の助成事業主の横に枝を伸ばし"事業継続"と書き、さらに事業継続の横に枝を伸ばして"自立を目指す"と書いた。脇田は『そのせいで』と同様に斉藤が答えるたびにホワイトボードに枝を伸ばして言葉を書くことを繰り返した。
「他に『そのおかげで』助成事業主はどうなりますか？」
「あと、"人員確保"が生まれ、さらに事業が"拡大発展するかも"しれません」
「他に『そのおかげで』助成事業主はどうなりますか？」
「そのくらいですかね」
「それでは次に行きましょう。助成金を交付する、『そのおかげで』湘南市はどうなりますか？」
「"税収アップ"に繋がります。あとは、市の"産業が発展"します」

「事業主に助成金を出すのは収益を上げてもらって納税で返してもらうというのがありますからね。それでは、助成金を交付する、『そのおかげで』自立事業主はどうなりますか？」
「自立しているので何も起きなさそうです。ライバルが増えるのは『そのせいで』だし」
「自分が卸売業者だとしたらどうですかね？」
　斉藤は顎に手を置き、会議室の天井を見るように少し考えていた。そして、何かを思いついたように言った。
「あ、そうか、助成金で事業主が増えたら、卸の"取引先は増える"かも！」
「それでは、助成金を交付する、『そのおかげで』市議会議員はどうなりますか？」
「ん〜、自分が市議会議員だったらそのおかげで・・・、脇田さん、次に行きましょう」
思い当たらなかった斉藤は、パスのサインを脇田に送った。

「それでは、助成金を交付する、『そのおかげで』他助成団体はどうなりますか？」
「そうですね、"湘南市の事業主以外に助成金を回せます"ね、あとは行政と重ならない"特徴的な助成金の交付ができる"のも『そのおかげで』になりますか？」
「助成を受ける側にチャンスを広げる行為になるので、『そのおかげで』で良いと思います」

「それでは、最後に助成金を交付する、『そのおかげで』市民はどうなりますか？」
「市民は『そのおかげで』色々な"満足度の高いサービスが増える"のと、働く先ができる、つまり"雇用増加"かな」
「斉藤さん。他に何か付け足すことはありますか？」
斉藤は再び暫く考えて言った。
「自分が思いつくことは入っていると思います、あまり考えてもいなかったことも見えるようになりました」
「良いことが起こるだけのところもあれば、良いことも悪いことも起こるところもあり、色々な立場で考えると助成金の交付の及ぼす影響の全体像が見える気がします」

　斉藤は脇田の質問に答えるだけだったが、何だかグジャグジャしていた頭の中が整理されて、スッキリしたような感じになっていた。

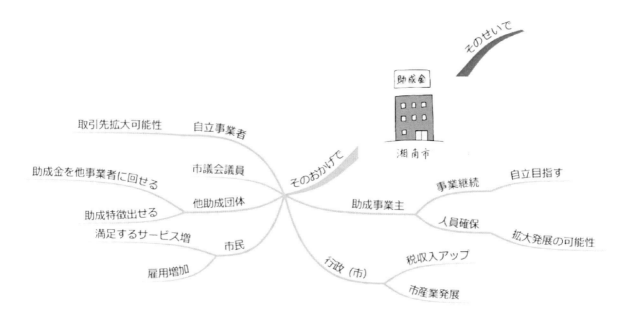

斉藤は脇田の書いたホワイトボードの図を見ながら聞いた。
「脇田さん。この後、どうするんですか？」

「この後、起こる時期を選別します。『そのせいで』側で、すぐに起きそうなことはどれですか？」
「予算策定時期も近いので湘南市が予算配分で悩むことと、そのための管理コストですかね」
　と、斉藤が答えると脇田は行政（市）に繋がる"予算配分悩む"と"管理コスト"を実線で囲んだ。
「他にはありますか？」
「助成事業主の書類作成と管理コストは助成金が出てからなので、すぐにではなく年度内って感
　じかな」
「暫くして起こることですね」
と脇田は言いながら"報告義務（書類作成）"と"各管理コスト"を破線で囲んだ。
「"助成金依存"や"事業ライバルが増える"のはさらにその先だし、"市民からの苦情"が出る
　のも助成金の結果が出てからなのでだいぶ先かな」

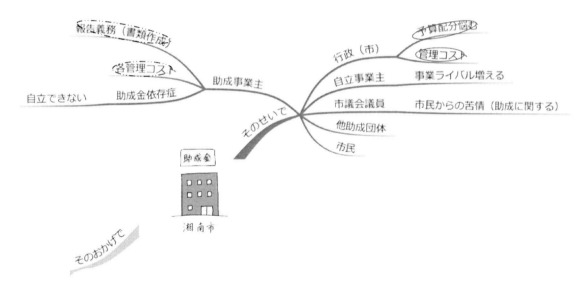

第2章 第2話：斉藤

脇田は、ホワイトボードに書き終えると、話を続けた。
「それでは次に『そのおかげで』側ですぐに起こることはどれですか？」
「そうですね、助成金が交付されるまでをすぐだと考えると、助成事業主の"事業継続"や"人員確保"はすぐに起こりそうです」
「"自立"や"拡大発展の可能性"はだいぶ先だし、湘南市の"税収入アップ"も"産業発展"もまだまだ先だし、自立事業主の"取引先拡大可能性"は暫く先かな」
脇田は斉藤の答えをもとに、すぐに起こることを実線で囲み、しばらくして起こることを破線で囲んでいった。
「あと、他助成団体の"他業者に回せる"や市民の"満足するサービス増"は助成金が出ればすぐに起きそうかな」

「こんな感じでいいですか？」
脇田は斉藤にホワイトボードに書いた起こる時期の選別について確認をした。

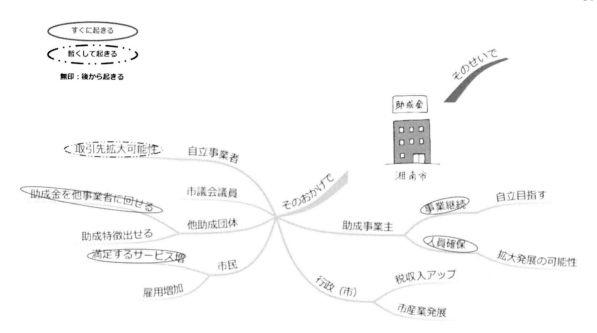

第2章 第2話：斉藤

脇田から斉藤への質問は続いた。
「斉藤さん。助成金の交付で重要なことはどれだと思いますか？」
「やはりすぐ起こることの中で、湘南市の"予算配分"のところと、助成事業主の"事業継続"、"人員確保"、あとは市民の"満足するサービス"ということが重要だと思います」
斉藤は、相談を開始した時から比べると、だんだん自信を持って話すようになっていた。

その斉藤の変化を感じながら、脇田は質問を続けた。
「『そのせいで』の方はリスクとなることなので、どうやったら予算配分で悩まないかを考える必要がありますが、どうしたら予算配分で悩まなくできそうですか？」
「『そのおかげで』の方に出てきている助成事業主の自立につながる事業継続ができていて、人員確保に繋がっていること。そして、市民が満足するサービスを受けられていれば、その助成金交付事業はうまくいっていると言えると思います。それならばきちんと予算を付けるべきだし、逆に市民の満足や助成事業主の将来的な自立のための事業継続につながっていなければ、その助成金事業の予算は減らすべきだと思います」

「斉藤さんが取り組めることは何でしょうか?」
「行政評価の主担当である企画政策課に協力してもらって、助成金交付事業の事務事業評価を各担当課にきちんと行うこと。また、評価結果に基づいて予算配分の検討を予算ヒアリングや予算会議で行うことです」
「斉藤さん。やるべきことが見えてきましたか?」
脇田は自信を持ってきた斉藤を応援するように語りかけた。

　斉藤は曇り空に太陽の光が差し込むような感じを覚えた。

「脇田さん。なんかスッキリしました。やはり、各課の事務事業評価をきちんと実施して、有効性や必要性、公益性などを評価・検証してもらうこと。そして、評価・検証した結果を基に予算申請時のヒアリングで確認していくことが必要そうですね。」
モヤモヤが晴れた斉藤は、分かったことを再度頭の中で整理して、次に自分がやるべきことを考え始めた。

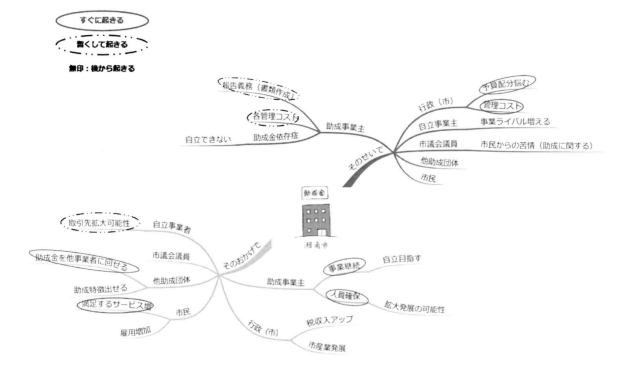

「斉藤さん。行政評価システムの事務事業評価をきちんとやってもらえれば、この仕組みで出てくる評価結果が予算ヒアリングや予算会議に使えると思いますよ。予算ヒアリング時に使える参考資料をシステムから出力できるように検討しましょう」
「是非お願いします、そうすれば予算申請のヒアリングや予算検討会の時に使えます」
「あと、もうひとつ事務事業評価の仕組みの良い活用方法として、予算化する自分の助成金に関する事務事業について、今日話をした課題や課題に対してどうしていくかを記入しておけば、上司や最終決裁者もコメントを読むので、自分の仕事がしやすいように仕向けることができますよ」
「行政評価システムに事務事業の評価を記入するのは面倒くさいと思っていましたが、自分の仕事をやりたいように進めるためだと思うと入力する価値がありますね」
「今日のヘルプデスクで出た話は行政評価の主担当部門の企画政策課に報告として伝えておきますね」

　斉藤は脇田に感謝をした。
「脇田さん。本当にありがとうございました」

「助成金交付の事務事業を抱えている各課の担当者にも入ってもらって、必要性について今回の『そのせいで』、『そのおかげで』をもう一度行ってみると良いですね。各担当者にも斉藤さんと同じような気付きが生まれ、申請前の段階で各課がきちんと事務事業の評価をして来るようにできるかもしれませんね。そのことも企画政策課に提案してみますね」
「是非、お願いします。私も上司や企画政策課に話をしてみます。ありがとうございました」

　斉藤は会議室に入って来た時とは違い、明るい表情で足取り軽く会議室を出て行った。

【斉藤の意思決定】
- 企画政策課に協力してもらい、助成金関連の事務事業評価（必要性と有効性の検証）を各課で行ってもらえるようにする
- 行政評価システムの各課の事務事業評価結果を出力できるようにして、予算ヒアリングや予算検討会議の参考資料に活用する

（斉藤の話　おわり）

■第3話　アイ子の話（経営：新規商品企画）

　アイ子は高校を卒業後、証券会社に就職したが、事務作業にあまり面白さを感じず、2年半ほど勤務した後、語学留学を理由に退職した。大学に行っていなかったのでアイ子には特別の専門性はなかったものの、「せめて語学くらいは若い時にやっておこう」と考えて、イギリスに語学留学しようと思ったのだった。

　高卒といえども証券会社の給与は恵まれており、賞与も他の業種と比べればかなり良かった。実家から通勤していたアイ子は2年半の勤務で相応の貯金が出来ていたし、若さもあってあまり将来に対する不安もなく、証券会社を退社し語学留学に踏み切ったものだった。

　アイ子に言わせれば、実態は留学というよりも遊学といった感じだったという。高校生の時そこそこ英語の成績が良かったアイ子は、ホームステイをしながら語学学校に通う生活だった。社会人にな

って溜め込んでいた資金もあり、遊学を満喫する生活を送った。

　一年間の遊学を経て帰国したアイ子は、海外への魅力を存分に感じていた。そこで、その経験と好奇心から再就職先は旅行会社にしようと決めた。それも海外旅行の添乗員ができる仕事を探したのだった。

　旅行会社は多くあるものの、高卒であり新卒でもないので、なかなか正社員での海外旅行添乗員という募集がなかった。しかしアイ子にとっては優良会社に就社することが目的ではなく、それよりも自分がやりたいことを仕事にすることの方が重要だったため、あっさりと正社員の道を諦め、派遣社員として海外旅行添乗員の仕事をすることにした。

　派遣社員であったため、固定給ではなく出来高払いでの給与であったが、それでも当時は仕事が多く入っていた。従ってアイ子は何の不安もなく仕事内容と収入には満足していたという。

　やがてアイ子は結婚し退職することになった。夫となった相手は派遣先の正社員。同じ添乗員仕事

仲間で、業務上直属の上司も同じといった職場恋愛であった。結婚退職後アイ子はずっと専業主婦として仕事から離れ、家事に勤しみ子供と家庭を守ってきた。

　しかし人生には上り坂、下り坂、ま坂があるもので、アイ子は離婚をし、子供らを引き取って生きていくことになった。幸い理解のあった夫は世間相場以上の養育費を払ってくれた。しかし女手ひとつで学童期の子供ふたりを育てていくのは、やはり経済的に大変であった。

　健康で体力もあったアイ子はこれまでのキャリアを生かせる職を求めたが、世間の風は冷たかった。十年間以上専業主婦でパート仕事もせず、社会から離れてしまっていたアイ子に就職先はなかった。

　現実の厳しさを、身をもって知ったアイ子は頭を切り替え、旅行添乗員や語学という自らのスキルに拘ることは諦めた。そして、子供たちと生きていくために人手不足で常に求人のある介護の世界に足を踏み入れることに決めたのだった。

とは言え介護の世界は資格がなければ仕事が出来ないと思い、アイ子は職業訓練校に入った。そこで介護の知識と基礎技術を学び、介護職員の資格を取得した。そして職業訓練校のあっせんでアイ子は地元の特別養護老人ホームで働くことになった。

　介護の収入は確かに低いものの、それでも未経験の自分でも資格を取って正社員になれたことは母子家庭のアイ子にとってありがたいことであった。もちろん安定はしていても低収入なので元夫が毎月欠かさず振り込んでくれる養育費があってこその生活である。アイ子は離婚した後も元夫に対しての感謝の気持ちを忘れてはいない。

　介護の仕事を始めて3年が経ち実務経験を経て、アイ子は国家資格も取得した。ある日、元夫から以前の会社でふたりの直属の上司だった佐藤マネジャーが退職し、その後家業を引き継いだという話を聞いた。小さいながらも地元密着型の会社で、親からの引き継ぎ当時は安定した滑り出しだった。

しかし、やはり競合が多く会社としての成長度は必ずしも良いとは言えない状況なのだという。

　佐藤の会社の売りは国内・海外の添乗員付きパックツアーで、きめ細やかで親切なおもてなしガイドは好評ではあった。ただ、近年は地元も高齢化の波が激しく押し寄せ、旅行に行きたいマインドを持ちながらも客の腰は重くなっている状況があった。

　また若年層には今の時代パックツアーはあまり好まれなくなっている傾向がある。先代社長からのリピート顧客を引き継ぎながらも、その高齢化の波と若年層の旅行マインドの変化になかなか乗り切れず、苦戦しているとの事だった。

　若年層の客は、インターネット利用による宿泊先やチケット予約で旅行に行ってしまう。価格比較がネットを使って一発で出来てしまう環境では、地元密着の小規模旅行会社はなかなか対応が厳しくなってくるのは火を見るよりも明らかなことだった。

　佐藤は、インターネットによる簡易化で若年層が離れ、高齢化でリピート顧客が減少している状況

で、今後の会社経営の方針をどのように舵取りしていくかを悩んでいた。そのころ、元部下で自分が家業を継ぐ時に誘ったが会社を辞めずに残ったアイ子の元夫と、情報交換を兼ねながら久々に酒を飲んでいた。その時に、アイ子が今は介護の仕事をしていると耳にし、高齢者と旅行に関する意見を聞きたいと思い、アイ子にコンタクトをとってみたのだった。

　介護の仕事は２４時間３６５日なのでシフト制で稼働している。アイ子は平日で非番の日に佐藤に会うことにした。久々に会った佐藤は昔の面影のままで、アイ子に言った。
「旧来から何度も利用してくれていた高齢のお客様に聞き取りをした結果だが、決して他社の低価格　　ツアーを利用しているわけではなく、ネットで宿泊先の選択や予約をしているわけでもないんだ」
そう言って、コーヒーを一口飲んで続けた。
「旅行をしたい気持ちは変わらないものの、現実的には高齢化で、そもそも旅行に出かけづらくなっ

ている。要するに、食事に例えると『目では食べたいが、口（歯）や、お腹がついて行かない』といった高齢者に有りがちな事が起きているんだ」

佐藤は確信をもって話をしているようだった。

「ずっとリピーターだったお客様の気持ちを代弁すると、行けるものなら、またウチのツアーに参加したいという意見が多かったんだよ」

アイ子は話を聞いていて、口を開いた。

「つまり佐藤さんは、高齢者向けの介護付きガイドツアーを企画したいということですね？そして、私に介護の現状や介護付きガイドツアーの可能性の話を聞きたいのね」

佐藤が語るには、歩行、食事、入浴、トイレなどに関して介護あるいは介助が必要な高齢者を対象にした介護とガイド付きのパックツアーを世に出したいとのことであった。利用者は当事者だけでも

構わないが、要望に応じて家族も同行できる。介助者が付き添っているので行先ではオプションで家族だけでの別行動も出来るというものだった。

　もちろん、アクティブな高齢者に対しては、従来通りの人気パックツアーの販売も並行してやって行く。それはそれで継続しさらに品質を高めていきたい。また現在アクティブな高齢者であっても、ゆくゆく介護が必要になった時もそのまま安心してウチの会社と付き合いを続けられることに繋げたいと語っていた。

　アイ子にとっては、介護業界は昔から副業ＯＫな業界なので、自分にも何か出来るチャンスになるかもしれないと、佐藤の話を聞きながら自分の事のように新しい思いを馳せていた。

　その後アイ子と佐藤は何度かミーティングを繰り返し、介護付きガイドツアーの企画商品を販売した。客単価を高く設定できる介護付きガイドツアーというこの商品は、確かに発売開始当初は佐藤の

会社の業績回復には一定の成果が出た。アイ子からのアドバイスの功績もあったことになる。

　しかし、業界の耳は早い。介護付きガイドツアーの旨味を認識した競合他社は同様のサービスを商品化した。小規模事業主である佐藤の会社の商品は他社との差別化が困難となり、宣伝や販売促進活動も資金的な制約があり、利用者はあくまでも旧来からのリピート顧客の域を出ていない現実があったようだった。

　つまり介護付きガイドツアーは発売当初は上手く行きそうだったものの、新規顧客獲得が思うように進まなかった。顧客データの活用も旧態然としており、なかなか新しい商品のアイデアが出ないという課題を抱えることになった。

　そこで佐藤から再びアイ子に「また意見を貰えないか？」と改めて連絡があった。アイ子は前回自分の意見が佐藤の会社に貢献できたことに気を良くしていたこともあり、日程調整をして佐藤の会社に出向いた。

アイ子は言った。
「今度は、私は何をすれば良いのですか?」
佐藤は言った。
「前回はありがとう。しかし良いアイデアはすぐ業界で広がってしまい、旨味はそう長くは続かなかった。そこで今度は、もっと長く旨味が得られるもので、かつウチの会社だからこそ出来る、他社では簡単に真似が出来ないような企画を考えたいんだ」
アイ子は佐藤の言葉に頷いた。
「そこで、知り合いから教えて貰った、問題解決や方針の意思決定が簡単にできる思考フレームワークを一緒に使って欲しいんだ。このツールは日本のコンサルファームが開発したもので、『ブレイン・コネクト』という名前だ。由来は他者の脳と脳を結び付けて、今までにない価値を生み出すと

いう意味らしい」
更に佐藤は熱心にアイ子に語った。
「そしてこの『ブレイン・コネクト』は一人で使うより、色々な考えや立場の人が一堂に会して楽し
　みながらやるのが良いということなんだ。そこで僕とウチの従業員に加えて、第三者の君にも入
　って貰いたいんだ」
アイ子は了解すると、佐藤は自社の社員、男女数名をアイ子に紹介した。アイ子のことは前回の商品
企画の件があり、社員は皆アイ子のことを聞いていた。ただ、実際に顔を合わせるのは今日が初めて
だった。

　それぞれの自己紹介が終わった後、頃合いを見計らって佐藤は、この『ブレイン・コネクト』とい
う思考フレームワークの説明を全員に行った。直感的に分かるツールであったため、説明は簡単に済

第２章　第３話：アイ子

ませ、「とりあえず、やりながら考えよう！」と、さっそく全員で一緒にその思考フレームワークを使い始めることにした。

「僕がファシリテートするから、みんな思い思いに言ってくれ」
　佐藤はホワイトボードの前に立ち、まずは介護付きガイドツアーのイメージを中央に描き始めた。
　ホワイトボードにイメージを描いたあと、佐藤はそのイメージから右斜め上方向に枝を伸ばし『そのせいで』と枝の上に文字を乗せた。
　皆は黙って「何が起きるんだろう？」と思いながら、佐藤の行動を見守っていた。

　その後、佐藤はイメージから左斜め下方向に同じように枝を伸ばして、今度は『そのおかげで』と枝の上に文字を乗せた。

「発売当初は業界で初だったはずの我が社の高齢者向け介護付きガイドツアー商品が思うように売れないことで、各立場の関係者はどうなるかを皆で一緒に考えていこう」
そう言った佐藤は、「最初にやることはステークホルダーを洗い出して行くことだ」と言い、「この件のステークホルダーは誰だろうか？」と皆に質問した。

従業員の一人から「ステークホルダーって何ですか？」との言葉が出たので、佐藤は「ステークホルダーとは今回の介護付きガイドツアーに対して、関係する人々や組織、主要な登場人物などと考えてもらって良い」と説明した。

　すると、誰からともなく言葉が出てきた。
「関係者と言えば、まずウチの会社ですよね」
「そして私ら従業員」
「昔からのリピートお客様も関係者ですね」
「獲得に苦戦している新規顧客もステークホルダーになりますか？」
「社員ではありませんが、アイ子さんも関係者ですよね？」
　その言葉を受け取りながら佐藤は、ホワイトボードの先ほどの『そのせいで』と『そのおかげで』の先に更に枝を伸ばし、今あげられたステークホルダーをそれぞれに書いて行った。

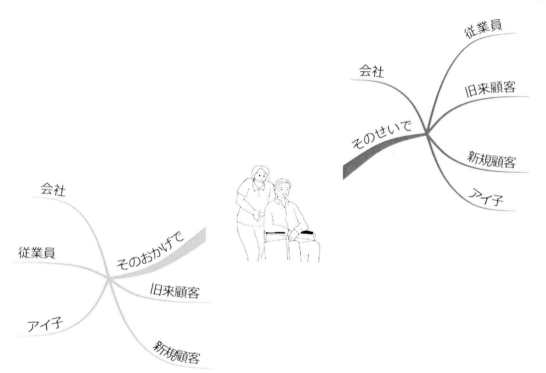

第2章 第3話：アイ子

佐藤は言う、「ここから皆でイメージするんだけど、先ずはウチの会社からやってみよう。介護付きガイドツアーが思うように売れない、そのせいでウチの"会社"はどうなる？何が起きる？と問いかけるからイメージすることを誰でも思い付きで言って欲しいんだ」
すると誰からともなく自由な言葉が出てきた。会議的な堅苦しさも、上下関係も利害関係も何も無いような雰囲気だった。
「そうですね、"まず収益が思った以上に伸びない"ということですね」
「そもそも"新規顧客開拓が出来ていない"ことじゃないですか？」
「それから、ウチが介護付きをやり始めたことで他社も同様のサービスを始めましたよね。本当はウチの高品質なおもてなし精神で、介護とガイドに加え気遣いは他社には負けないつもりでいます。でも、店頭に立ち寄っただけのお客さんには細かなことまで伝えきれていないので、"他社との差別化が上手く出来ず"、店頭に来たお客さんは価格の安さと行先の見栄えだけで選んでしまっているのが残念な現状ですね」
ふむふむ、なるほど、と言いながら佐藤はホワイトボードに、参加者から出てきた言葉を書いていった。発言した従業員も、自分が言った言葉が書かれることで改めて視覚からのフィードバックとなり、客観的に考えることができていた。

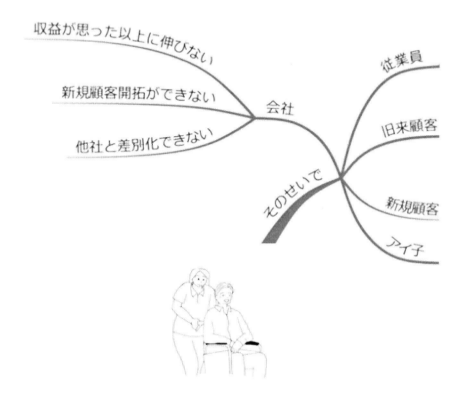

第2章 第3話：アイ子

「次は君たちだ。」佐藤は続けて言った。
「介護付きツアーが思うように売れない、そのせいで君たち"従業員"はどうなる？何が起きる？」
　すかさず皆から言葉が出てくる。
「売り上げが伸びなければ、私らの"給与も伸びない"ですね」
「それに、"モチベーションも下がって"きますよ」

「次は、旧来からの顧客だ」
佐藤は続けて質問をして行った。
「介護付きツアーが思うように売れない、そのせいで"旧来からの顧客"はどうなる？何が起きる？」
佐藤は『ブレイン・コネクト』の手順に沿って軽やかにファシリテートした。
「介護が必要な高齢者に旅行品質だけでなく経済的メリットを出してあげるためにも、ウチの商品が
　もっと売れないとコストダウンが出来ない。他社に金額でも対抗するためには"価格を下げて"サー
　ビス提供をしたいのですが、売れなければコストダウンが出来ない。これは悪循環で、他社の動
　向にも負けてしまっているのが現状です」
「"アクティブシニア（元気な高齢者）"は、そもそも"介護付きツアーを必要としていません"」

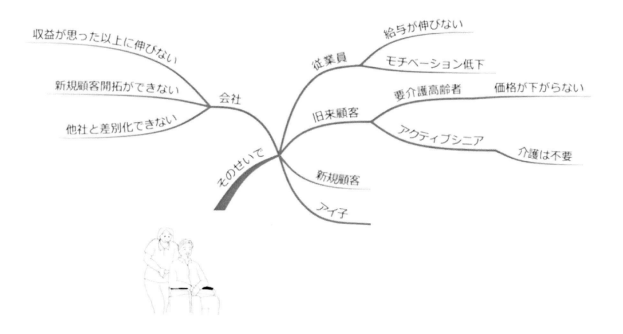

「次は、新規顧客だ」
「介護付きツアーが思うように売れない、そのせいで"新規顧客"はどうなる？何が起きる？」
　参加者はお互いに顔を見渡した。
　そして誰かが不思議な顔をして口火を切った。
「佐藤さん。ウチの介護付きが売れなくても、そのせいで新規顧客には何も起こらないでしょう。そもそも新規顧客は我が社を認識していないのでは？」
佐藤は言った。
「なるほど、それはそうだな。新規顧客は我が社のサービスを知らないのだから、そのせいで何も起こらないか・・・」
佐藤は続ける。「でも本当にそうだろうか？何か考えられないだろうか？」
　その言葉を受けて参加者の一人がボソッと言った。
「どうでしょう。新規顧客は我が社のサービスが売れないせいでそもそも"我が社を知ることがない"。つまり、我が社の高品質なおもてなしサービスを受ける機会がないわけで、今まで経験しなかった旅行を体験できないんじゃないでしょうか？」
「なるほどぉ～」と一同は納得した。

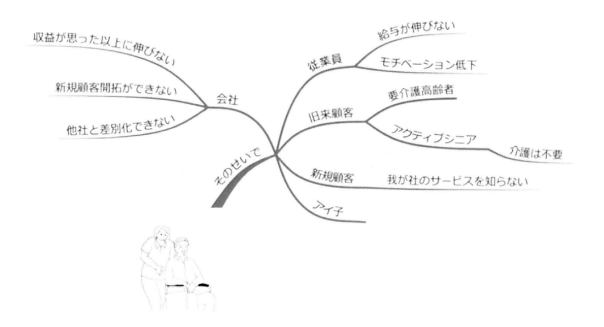

第2章 第3話：アイ子

「では、次はアイ子だ」
「介護付きツアーが思うように売れない、そのせいで"アイ子"はどうなる？何が起きる？」
「そりゃぁ簡単ですよ」とアイ子は即答した。
「そのせいで、私が何度も"佐藤さんに呼び出される"んでしょう？ほんの少しのお小遣いでね」
一同は笑った。
　会社の会議で笑い声が飛び交うことってあっただろうか。これは良い雰囲気である。
　佐藤は言う。
「みんな、良い感じになってきたね」
「この『ブレイン・コネクト』はインプロという技術を一つの根底としている。インプロの精神には、まず『他者の話を検閲しない』、次にアクセプトといって『相手も事象も何でも受け入れる』こと、そして『これを言ったら場違いかな？とは一切考えず、思いついたことをまず言ってみる』こと、最後に『Yes，and』がある」
佐藤は言葉を続けた。
「イエス・アンドとは、相手をイエスで受け入れ、アンドで更にそれに便乗して付け加える、インプロの基本精神なんだ。だから、どんどん自由奔放に振る舞って欲しい、ここはそんな場なんだ」

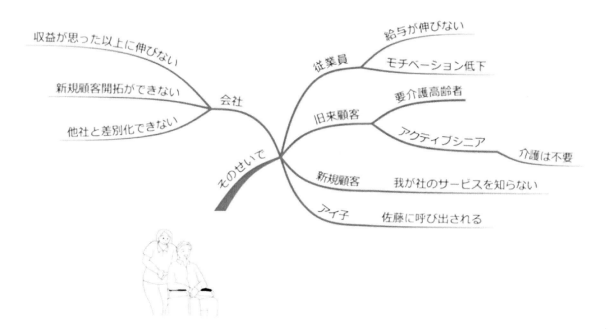

第2章　第3話：アイ子

ひと通り、『そのせいで』を書き終えたら、佐藤は言った。
「では、次は『そのおかげで』だ」
「介護付きツアーが思うように売れない、そのおかげでウチはどうなる？何が起きる？」
おかげ・・・、おかげ・・・と参加者は銘々に少し天井を見ながら呟いていた。
　そして一人がこう言った。
「自分一人で売ろうとせずに、今日のアイ子さんの参加のように、外部の"パートナーを活用"する
　ようになるというのはどうですか？」
佐藤は即座にその言葉を繰り返した。
「ほう、外部パートナーとは、例えば？」
「そうですね。介護利用者を受け入れる"旅館やホテル"の意見も取り入れて、一緒に考えるという
　のはどうですか？」
それを聞いた他の社員が言葉を続けた。
「それなら、介護利用者が住んでいる有料"老人ホーム"の意見を取り込んで、一緒に考えるのもあ
　りますね」そう言って、手をポン！と打った。「あっ、これがイエス・アンドなんですね！」
「だったらぁ〜」と、その他の社員も言葉を続けた。

「"訪問介護"と一緒に考えても良いですね。要介護利用者のニーズが取り込めるかもしれません」
「あと・・・」アイ子が口を開いた。
「佐藤さんの会社は長年のリピート顧客が多いんですよね。だったら旧来からのお客様が"過去"、若い時に行った場所を再度訪れる"追憶ツアー"というのはどうですか？」
　佐藤はすかさず親指を立て、「いいねぇ〜！！」と叫び、歯を見せるように満面の笑みを浮かべた。
　書籍によると『ブレイン・コネクト』は参加する他者と他者の脳を繋いでいく手法なので、「いいね！」と受け入れる合いの手はとても有効だと書かれてあった。
　これも先ほどインプロの説明にあった「Yes，and」の精神となる。
　特に日本人はビジネスの場面では他者の意見をなかなか素直に受け入れない傾向が強い。ましてや、自分の部下からの提案には、すぐケチをつけたり、そんなこと出来るのか？と疑いの目で見たりする人も多いが、「Yes，and」ではどんな突拍子の無いアイデアでも「いいね！」と先ずは受け入れてみることが大切となる。そして受け入れた後は、andでそのアイデアをもっと広げ繋げて行くのが『ブレイン・コネクト』の進め方となる。
　「いいね」と佐藤に言われ、アイ子も親指を立ててドヤ顔で笑顔を見せた。

第2章　第3話：アイ子

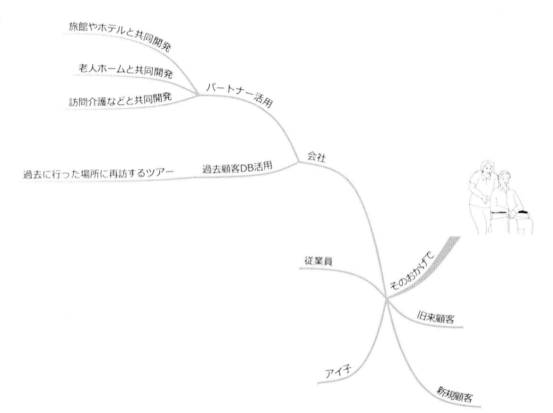

「次は、介護付きツアーが思うように売れない、そのおかげで"従業員"はどうなる？何が起きる？」
　女性社員の一人が笑顔で言った。
「売れないなら、なぜ売れないか、どうすれば売れるか、"勉強する"んじゃないですか？」
佐藤は合いの手を出す。「なるほど、では何を勉強する？」
「それは"マーケティング"とか、"社会のニーズや課題"とかだと思います」
　そう言った社員は続けて、「勉強して"新規企画"を考え始めるでしょう」
佐藤は合いの手を出す。「どんな企画がありそうかな？」
　年配のベテラン男性社員が少し考えて言った。
「そういえば、考えてみたら僕たちが今まで想定していた介護が必要な人とは、実は変な話、『元気な要介護者』を考えていました。つまり、介護さえあれば旅行に行ける人です。でもそうではなく、"入院している人"や、"寝たきりで動けない人"、介護をしてもらっても旅行に行けない人にも喜ばれるサービスとかは、何かないものでしょうか？」
佐藤は合いの手を出す。
「ほぉ、面白そうだね。それは例えばどんなサービスになるだろうか？」
「そうですね、"体験代行"というのがあるのですが、他者に自分の代わりに体験してもらうサービ

第2章　第3話：アイ子

スはどうでしょうか?」

体験代行とは、当事者の代わりに何処かに行ったり、経験をしたりする代行サービスで、SNSの普及とともに最近ときおり耳にする言葉だと佐藤は思った。

「体験代行は面白いかもしれないが、しかし実際はどうなんだろう・・・」
と言った後に佐藤は後悔した。

　何故ならば、『ブレイン・コネクト』は「Yes, and」が基本である。であるにも関わらず、今佐藤は「Yes, but」で応えてしまったからだ。「Yes, but」とは「そうだね、でもね・・・」という応え方を言う。これは『ブレイン・コネクト』では禁止されている応え方でNGとされる。

　日本のビジネス場面では良くある話だが、「Yes, but」からは何も良い結果を生み出さない。もっといけないのが「No, Because」の否定となる。「ダメ、何故ならば〇〇だから。。。」このようにダメな理由を言われる会話からは何も生まれるはずもない。そもそも信頼も生まれない。だから「Yes, and」の精神に立ち戻らなければならないと反省し言い直した。

「そうだね、"バーチャルツアー"というのもあるけれど、"体験代行ツアー"だと更に感情のやりとりも出来て面白いコンテンツが出来るかもしれない。これは、いいねぇ〜！！」

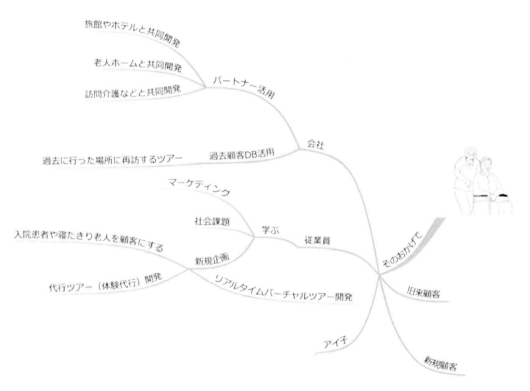

第2章　第3話：アイ子

佐藤は言葉を続ける。
「介護付きツアーが思うように売れない、そのおかげで"旧来顧客"はどうなる？何が起きる？」
社員の一人が少し顔を歪ませて変な仕草をした。それを見逃さなかった佐藤は、すかさず質問をする。
「どうした？何か変な事でもあったか？？」
その社員はゆっくりと言葉を発した。
「いや、初め僕は『そのせいで』はデメリットで、『そのおかげで』はメリットを出すものと単純に理解していたのですが、違うことが今分かりました」
佐藤は合いの手を入れる。
「それはどういうことかな？」
「いや・・・、ウチの商品が売れない、そのおかげで"旧来顧客"は、"他社の商品やサービスを知っちゃう"んですよね。これは困ったことです」
佐藤は「良いところに気が付いたね。この『ブレイン・コネクト』の本にもそのように書かれている。だからこそ、ステークホルダーごとに『そのせいで』と『そのおかげで』を考えて全体の多様性を見渡せるのが良いんだ」と言った。

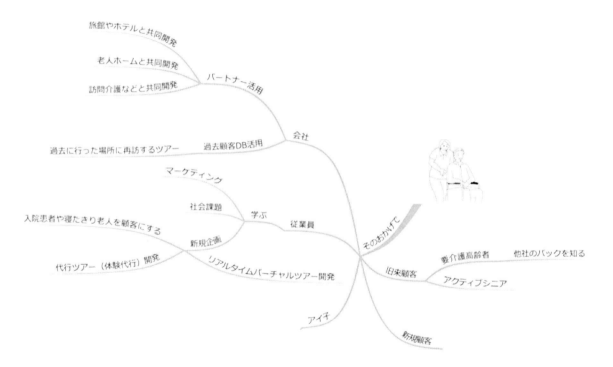

第2章 第3話：アイ子

「では、介護付きツアーが思うように売れない、そのおかげで新規顧客はどうなる？何が起きる？」

　少し間をおいて、アイ子が手を挙げた。
「新規だけとは限らないと思うけど・・・」
「介護付きガイドツアーを誰かにプレゼントする"ギフト商品"というのはどうかしら？」
佐藤が目を輝かせて質問した。
「ほぉ、もう少し具体的に言うと、例えばどうなる？」
アイ子は答えた。
「例えば敬老の日に、家を出ることが少なくなった"祖父母に、安全でおもてなし精神の高い介護付きガイドツアーをプレゼント"するとか」
佐藤はまた親指を立てる。「いいねぇ〜！」
「子供世代がもっと大きければ、高齢の"両親へ介護付きガイドツアーをプレゼント"しても良いんじゃない？父の日や母の日のギフトとして」
　佐藤は、両手の親指を立てた。「いいねぇ〜！！」
　他の参加者も皆、アイ子を見て声をそろえて親指を立てた。「いいねぇ！」

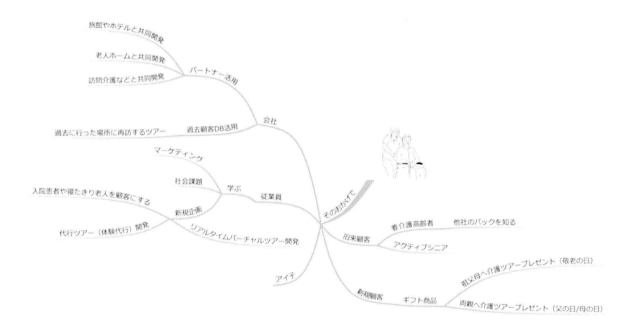

第2章　第3話：アイ子

「じゃぁアイ子。そのおかげでアイ子はどうなる？」
一呼吸置いてアイ子は笑顔で言った。
「私は自分のかつての"ツアー添乗員のスキルや、現在の介護のスキルを、もっと多様な形で生かしていく"ことが出来そうよ！」

　実はアイ子は最近、５０歳を過ぎて今後の生き方に悩んでいた。
　今までは、子供たちを何とか一人前に育て上げるのに必死で、全く門外漢だった介護の仕事に入った。そろそろ子どもたちも大学を卒業し就職という年代に差し掛かっているので、アイ子も少し歩くのを一旦止めて振り返り、自分の今後の人生について考えてみても良いのではないかと思い始めた矢先だった。そんなタイミングだからこそ、佐藤からの話はアイ子にとって今後を考える契機を与えてくれたと言って良い。
　本来やりたかった海外添乗員の仕事を思い出させてくれて、さらに自分の語学を活かした仕事が出来るかもしれない希望を持たせてくれた佐藤の話に、アイ子は人生のめぐり逢いと過去からの繋がりに感謝した。そしてさらには、当初はやむを得ず始めた介護の仕事のスキルも、新しい付加価値で生かされるものなら、こんな良いことはないのではないかと思えた。

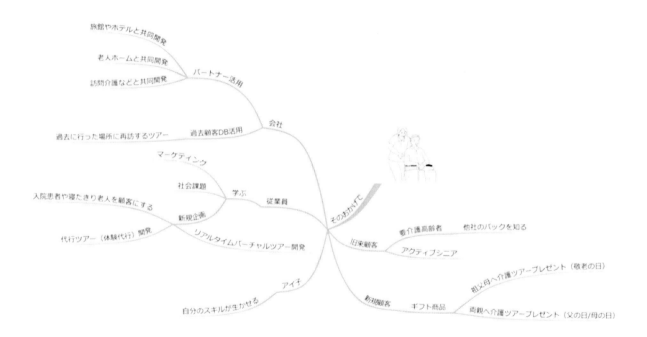

第2章 第3話：アイ子

これで『ブレイン・コネクト』の Step 1 が終わったことになる。

　佐藤らは、今回出たアイデアを①「すぐに起きる」、②「暫くして起きる」、③「後から起きる」といった時系列に選別した。これが『ブレイン・コネクト』の Step 2 の手順だと書籍には書かれていた。
　まずは、『そのせいで』起きることを、すぐ起きる、暫くして起きる等の時系列で選別してみた。その後は『そのおかげで』で起きることに関しても同じように時系列で選別してみた。

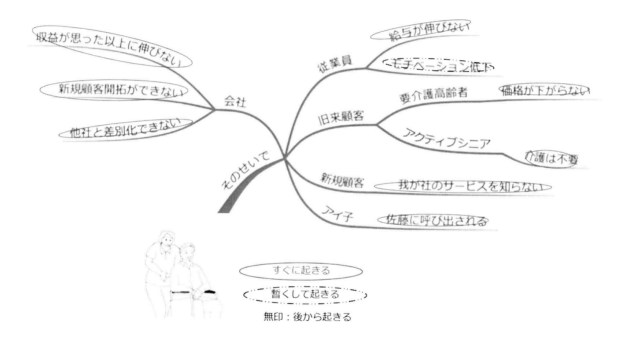

第2章 第3話：アイ子

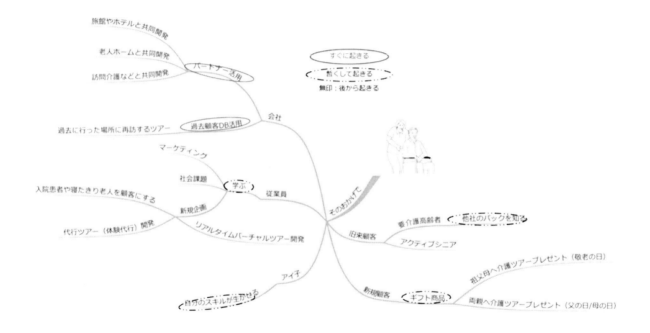

時系列で選別したあとは、改めて全体に散りばめられた言葉を眺めて、最終的な意思決定に繋げるのが最後のStep 3で行うことになる。
　佐藤は、皆のアイデアが散りばめられた1枚のホワイトボードを眺めて呟いた。
「何よりも他社と差別化が出来ていない。新規顧客開拓が出来ていない。ウチのサービスが知られない・・・」

　その状況から何が考えられるだろうか？と佐藤は独り言を言うと、続けて社員からはイエス・アンドで、それに乗るように発言がスムーズに出るようになっていた。
「その状況から、パートナー（旅館/ホテル、介護施設、訪問介護事業所など）と要介護者に望まれるツアーの共同開発を試みる価値はあるのではないでしょうか」
佐藤は、うんうんと頷きながら他の社員やアイ子の顔を見た。
　他の社員やアイ子もうんうんと頷いていた。
「ウチの顧客データが今は生かされていない・・・」
　その状況から何が考えられるだろうか？と佐藤はまた独り言を言うと、社員からイエス・アンドで発言が出る。

第2章　第3話：アイ子

「その状況から、顧客ＤＢを活用して、過去に行った場所を再訪する顧客個別の「追憶ツアー」を企画するのもやってみる価値がありそうですね」
佐藤は、うんうんと頷きながら他の社員やアイ子の顔を見た。
　他の社員やアイ子もうんうんと頷いていた。
　その他の社員からも「その状況から・・・」を枕詞に、どんどん会社の方針に対する発言が続々出てきた。
「その状況から、さらには、孫や子供からの介護付きガイドツアーのギフト商品化（季節物：敬老の日、父の日/母の日）も良さそうですね」
「その状況からこれはチャレンジになるけれど、入院患者や寝たきりで動けない人も顧客に取り込み喜んでもらえる、体験代行ツアーやバーチャルツアーの商品化も面白そうじゃないですか？」
　佐藤は、和気あいあいとした雰囲気の中で、社員やアイ子と会話をしながら今後の会社の方針を決めていった。
　そして、その様子を見ていたアイ子は、「私も自分自身のことを、この『ブレイン・コネクト』で考えてみようかしら」と呟いた。

（アイ子の話　おわり）

■第４話　和久の話（事業戦略：海外ＯＤＭ推進プロジェクト）

◆海外ＯＤＭ製品ＰＯＳ用７インチモニター

　東伊電気株式会社（以下東伊電気）は流通業小売店（スーパーマーケットやコンビニ等）に、ＰＯＳシステムやバーコードプリンタを販売している国内トップシェアメーカーである。親会社は株式会社東品（以下東品）である。東伊電気の組織図は下記の通りで、製品の開発から製造、販売を行っている。

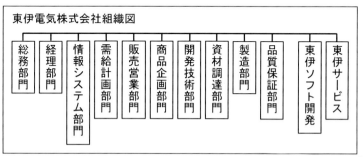

１００％子会社の１つに、保守サービスを実施する東伊サービスがある。ここでは日本国内に１４０か所の保守サービスステーションを展開し、２４時間３６５日対応の体制をとっている。

　東伊電気の強みは、販売営業部門がお客様の要望を聞き、それを開発技術部門や製造部門がお客様に合わせた製品の作り込み（カスタマイズ）をすること。また、自前の保守サービス網を持ち、離島を除き２時間以内に製品の故障が起きた店舗にサービスマンを入店させられることの２点である。ユーザーからみると製品の品質や保守サービスの充実は買い替え時のベンダー選定の大きな要素となっている。

　製品の故障が発生するとユーザーへの訪問修理を行うが、年間保守契約を結ぶユーザーが７割を超えている。さらにその７割は５年間の長期契約を結んでいる。営業部門が製品の提案段階から東伊サービスと協力し、保守に関する提案を行って契約の獲得につなげている。

　年間保守契約には次のようなメリットがある。

【ユーザー】
- 故障が発生する都度の修理費用がかからない（消耗品は除く）
- 年間保守料が決まっているのでランニングコストの予算化がしやすい
- ２４時間３６５日の受付、サービス対応が受けられる（保守契約を結ばない場合、修理はスポット対応となり、受付は９時〜１７時となる）
- 予防保守のための定期点検が無料で受けられる（消耗品は除く）
- 修理の対応は、スポットの時よりも優先してもらえる

【東伊電気】
- リプレースまでお客様と顔を合わせるつながりができる
- 定期点検での寿命交換部品などの需給計画が立てやすい
- 保守契約を締結できると営業担当者はインセンティブがもらえる

【東伊サービス】
- 毎年安定した売上が得られる
- 保守契約数に合わせてサービスマンなど人員の配置などの計画が組める

一方で、東伊電気及び東伊サービスには当然デメリットもある。もし、サービス部品の購入単価が上がったとしても保守料は値上げができない。また、製品品質が想定よりも悪ければ修理訪問回数が増え、その費用を年間保守料で賄えず損失が出るリスクがある。

　需給計画部門には３つの課がある。製品計画課は販売営業部門の販売見込みや過去の実績を基に製品の需給計画を立て、工場の生産計画の作成・調整を行う。製品物流課は販売営業部門の要求に合わせて製品のセンター倉庫の入出庫と現品管理を行っている。一方、サービス部品課は東伊サービスから入手する定期点検情報や過去の出荷実績を基に、保守サービス部品の需給計画を立てる。そして工場の生産計画調整を行い、保守サービス部品センター入出庫と現品管理、東伊サービスへの売上管理を行っている。

　サービス部品課長の和久が先月末在庫の報告用資料を作成していると、内線電話がかかってきた。資材調達部門の坂井主任からだった。
「和久さん？」
「坂ちゃん、どうしたの」

「急で申し訳ないんですけど、２０１会議室にすぐに来てもらえません？」
「何で？」
「海外ＯＤＭ製品の打合せをしているんですが、サービス部品にも影響するので。会議開催通知の送付はしていなかったんですが、会議室に来てもらえませんか？」
「海外ＯＤＭ？（注釈１）なにそれ」
「会議室で説明するので、とりあえず来てください、商品企画部門や開発技術部門や品質保証部門も待っているので、お願いします」
「頭だけ持って行けばいい？」
「資料は会議室で渡すんで、来てくれればＯＫです」
※注釈１：開発製造委託で開発設計・製造を海外メーカーで行い、東伊ブランドとして販売する

　和久は坂井主任の「サービス部品にも影響する」の言葉が気になり、同じサービス部品課の同僚に聞こえるように「なんだよ、作業進まん、今日も残業だよ。製品の海外ＯＤＭなんて聞いてないし、会議の案内も来てないのに急に・・・」と独り言を言いながら、作業を途中で止めて２０１会議室に向かった。

第２章　第４話：和久

会議室に行くと開発技術部門、商品企画部門、資材調達部門、製造部門、品質保証部門の課長など、そうそうたるメンバーが揃っていた。会議の主催者は、今年度から東品から出向で来た資材調達部門・海外ＯＤＭ担当課長の稲垣と、調達担当から海外ＯＤＭ担当に変わった坂井だった。

＜＜坂井が和久に電話する１５分前の２０１会議室＞＞

　資材調達部門の海外ＯＤＭ（開発製造委託）推進担当課長の稲垣から会議開始の挨拶があった。
「それでは３回目の海外ＯＤＭ推進プロジェクトの会議を始めます」
「初回の時に、海外ＯＤＭを進める目的の共有と、私が東品で関わったノートパソコンの海外ＯＤＭの進め方、ＯＤＭ先と結ぶ契約書類について説明させていただきました。また前回は、商品企画部門と開発技術部門に、最初に海外ＯＤＭをする製品をＰＯＳ端末で使用する７インチモニターにすると明確にしてもらいました。そして製品リリースまでのスケジュールを確認し、東伊電気版の契約書作成を進めていただけるよう、それぞれの部門にお願いをしました」
「海外ＯＤＭ先の候補も絞れましたので、今日は契約書作成の状況確認と海外ＯＤＭ先との会議に向けた摺合せを行います」

「資材調達部門・海外ＯＤＭ担当主任の坂井です。ＧＰＡ（一般購入条件契約）、ＴＡＡ（取引条件契約）は作成中です。今週中に完成予定です」

「開発技術部門・海外ＯＤＭ担当課長の吉田です。ＮＤＡ（機密保持契約）は作成済みです」

「品質保証部門・ＰＯＳ担当主任の大川です。ＱＡＡ（品質保証契約）は以前作成した海外製造委託契約書の一部を基に作成中です。今週中には完成予定です」

稲垣課長が品質保証の大川に質問を投げかけると会議がざわつき始めた。

「大川さん。私がいた東品ではＱＳＡ（品質保証及びサービス・修理契約）だったんですが、品質保証だけに絞って作っているんですか？」

「はい、前回お話したように、うちの部門には海外製造委託契約の中にＱＡＡ（品質保証契約）があり、それを基に作成しています。サービス部分はうちの部門の責任外なので除外しています」

「大川さん。ＱＳＡ（品質保証及びサービス・修理契約）をＱＡＡ（品質保証契約）のみとすると何が抜けているかわかりますか？」

「稲垣さん。ＱＳＡ（品質保証及びサービス・修理契約）にも目を通してみましたが、主にサービス部品供給や品質保証期間外の修理対応やサービス技術資料の提供などの項目が抜けてい

ますね・・・」
「大川さん。東品の契約形態を変えるなら事前に言ってくれないと・・・」
稲垣の一言に大川はムッとして反論した。
「稲垣さん。だから前回言っています。坂井さん。海外製造委託契約の時は、基本取引条件契約にサービス部品供給や保証期間外の修理対応の条項が出ていましたよね。ＴＡＡ（取引条件契約）に入れればいいんじゃないんですか？」
稲垣は部下の坂井に質問した。
「過去の海外製造委託の契約書の時はどうなっていたの？」
「稲垣さん。購入品もそうだし、製造委託製品もＴＡＡ（取引条件契約）の中にサービス部品供給や保証期間外の修理対応が記載されていました」
「坂井さん。東品の立場から言わせてもらうとサービス部品供給や修理対応をＴＡＡ（取引条件契約）に入れるのはおかしいですね。もし契約書を作ってもらうなら、どこの部署が担当になりますかね？」
「サービス部品供給だと需給計画部門のサービス部品課の和久さんのところですが・・・」
「それじゃ、すぐに和久さんを呼んでください」

坂井は（サービス部品供給のところ以外は和久さんに関係ないよな）と思いながらも上司の指示なので会議室の電話の受話器を取った。

　会議室に和久が入ると初対面の稲垣から海外ＯＤＭ推進プロジェクトについての簡単な説明があった。海外ＯＤＭ推進の目的は東伊電気の開発技術部門の工数不足を解消し、投資コストを抑えて製品開発を行うことである。そして、事業拡大を図り売上増、利益増につなげるとのことだった。東品のノートパソコンの成功事例を挙げながら、海外ＯＤＭ先と契約（ＮＤＡ：機密保持、ＧＰＡ：一般購入条件、ＴＡＡ：取引条件、ＱＳＡ：品質保証及びサービス・修理）を締結しなければならないこと、契約の進め方の方針について説明があった。そして今回の対象製品はＰＯＳ端末に使用される７インチモニターとの説明があった。

　稲垣から坂井に指示があった。
「坂井さん。和久さんに東品の契約書を渡してあげて下さい」
和久に坂井から英語で書かれた東品ノートパソコンのＱＳＡ（品質保証及びサービス・修理契約）が渡された。

「それでは和久さん。急で申し訳ありませんが、再来週には海外ＯＤＭ先と電話会議を行うのでＱＳＡから品質保証契約を抜いたＭＳＡ（修理及びサービス契約）をどうするか考えておいて下さい」
「稲垣さん。ちょっと待ってください。今まで契約書の条項について資材調達部門からサービス部品供給の内容をどうするか質問されることはありましたが、契約書自体をうちの課で作ったことなんてありませんよ」
「今回の方針として東品の海外ＯＤＭ契約体系を基にするのと責任部門が契約書を作成することになっています。そちらがサービス部品供給のメインとなるのでお願いします」
「それだったら製品の供給は製品計画課が責任部門となるはずですが製品計画課はいないんですか？」
「製品の供給はＴＡＡ（取引条件契約）に条項が含まれているので製品計画課に確認しながら資材調達部門で作成します」
「サービス部品もＴＡＡ（取引条件契約）に含めればいいんじゃないですか？」
「東品ではサービス部品は製品とは別の扱いとなっています。従って、サービス部品供給に関するところはＭＳＡ（サービス及び修理契約）として和久さんのところで作ってください」

「そもそもサービス部品供給も修理対応も海外ＯＤＭする製品の国内サービス体制をどうしたいのかによると思うんです。商品企画部門の高山さんは海外ＯＤＭで進めるこの製品の国内サービス体制はどう考えているんですか？」

「和久さん、今回の製品はＰＯＳ端末の７インチモニターなので、従来通りのＰＯＳ製品と同様のサービス体制にしてもらわないと困ります」

「ちなみに、会議に出ているみなさんは高山さんの言っている"従来通りのサービス体制"って理解してますか？」

和久の問いかけに資材調達部門も開発技術部門も製造部門も黙り込む。品質保証部門の大川だけが口を開いた。

「お客様の７インチモニターが壊れると東伊サービスにコールが入って、東伊サービスのサービスマンが訪問修理するんですよね。その使用するサービス部品を和久さんのところから供給するってことですよね。サービス部品交換で直らない時には海外ＯＤＭ先に依頼修理は行うんですかね？一応、品質保証期間内はうちから海外ＯＤＭ先に無償修理または代替製品を送付してもらう運用を考えてますけど」

結局、品質保証部門やサービス部品計画課など顧客に近い部門は客先で問題が起きた時の対応ま

第２章　第４話：和久

でを考えようとしている。しかし、開発技術部門、資材調達部門、製造部門は製品をリリースするまでのことしか意識がない。その温度差は日頃から和久や大川は感じていた。

　和久が製造部門の鈴木課長に質問する。
「通常、製造委託先や購入品のベンダーへの保証期間外の修理依頼は、製造部門が商流の窓口となっています。そして、実務は製造部門の修理課から課ごと移籍となった東伊サービスの修理部門が今は行っていますが、今回の海外ＯＤＭも同じになりますか？」
「和久さん。製造部門は仕事を東伊サービスに持っていかれた側だからね、修理の仕事になんか関わらないよ。修理の実務は東伊サービスの修理部門がやってるんだから修理については東伊サービスが決めればいいんじゃないの？」
「稲垣さん。責任部門が契約書を作るなら東伊サービスにもこのプロジェクトに参加してもらい、修理対応やサービス技術の提供について考えてもらわないと駄目じゃないですかね。おそらく、東伊サービスは国内向け相手の取引しかしていないので英語対応はできないと思いますが・・・」
「契約書は東伊電気として海外ＯＤＭ先と締結しないとまずいでしょ。契約書の中身は東伊サービスに確認してもらい、ＭＳＡ（修理及びサービス契約）として和久さんがまとめてください」

和久は稲垣の発言に呆れてしまった。だが、知らない間に契約を結ばれてしまうよりは保守サービス部品供給の条件を自分が主導権を持って海外ＯＤＭ先と決められる方が良い。和久は、今まで痛い目を見てきた契約に付随したサービス部品供給問題は防げそうだと思い、ＭＳＡを担当することにした。

　和久は契約書を丸投げされた日から通常の業務やマネジメントに加え、苦手な英語を使う契約書の仕事が増えた。そして、１８時で帰っていた生活は終電の２３時で帰る生活となった。
「しかし、急にこんな仕事が増えるんだもんな。最初から声をかけてくれれば、もう少し余裕ができたのに。関係者を洗い出しもせずに始めるから、想定外の事も起こってしまい、時間が足りなくなってしまう。このプロジェクトうまく行くのかな？」と和久は思った。

　和久は東品の契約書の和訳版がなかったので翻訳ソフトを使った。理解できない部分については海外ＯＤＭ担当のいる資材調達部門や開発技術部門の英語のできる担当者に聞き、契約に書かれている内容を把握した。品質保証の項目を除くと、製造委託のＴＡＡ（取引条件契約）に書かれている条項と同様の項目だった。従って、従来なら資材調達部門がＴＡＡ（取引条件契約）の

中で契約していた部分を東品の意向で勝手に手放してしまっただけにしか思えなかった。

　和久がＭＳＡ（サービス及び修理契約）でこだわっているのは過去に部品供給や在庫で痛い目を見た条項だ。それは供給期間とラストバイ（製造終了・中止時の最終まとめ販売）の在庫の引き取り方、保守契約の収益に影響する購入価格値上げについてである。国内在庫を増すと東品の副社長からも厳しく叱咤される状況だった。「製品製造中止後７年間はサービス部品供給を行う」、「ラストバイ時に購入数量は約束するが、引き取り方は国内在庫を増やさない為に、必要都度の発注とする。そして、残った製品は製造中止後７年の時点で全数買い取る」とした。交換条件として、納入リードタイムや発注ロットなどは海外ＯＤＭ先の要望を全て受け入れる契約にした。

　東伊電気では製品開発がスタートするとデザインレビューを行う。和久の関係するサービス部品価格の入手時期もデザインレビューのチェック項目となっていた。デザインレビューとは、設計審査の事である。設計は、企画→基本設計→原理試作→詳細設計→一次試作→量産試作といったプロセスを踏む。プロセスごとに企画、開発、製造、品質、資材調達などの関係者が集合し、満たすべき項目をそれぞれの観点から評価をする。そして、合格基準を超えている事を確認してから次のプロセスに進む方法で、後工程からの手戻りを防止する新規製品の開発手法である。

内製の製品ではサービス部品価格の入手時期が、いつも遅れがちだった。今回は、サービス部品計画課が直接ＯＤＭ先に見積もり要求とその回答のフォローをできたので、デザインレビューにオンスケジュールで間に合った。ＯＤＭ先から提示されたサービス部品価格は製品購入価格の３分の１の金額だった。この単価を基に東伊サービスに年間保守料を算出してもらうと製品価格と同等額となった。
　デザインレビューではこの金額について、各部門からの不満が続出した。商品企画部門は「製品価格と同等の保守料では製品を買い替えてもらう方が安い。従来のサービス体制に合わないのでうちの要望に合っていない」と言う。資材調達部門は商品企画部門に「東品のノートパソコンと違い、１０分の１に満たない生涯製造数じゃ価格で良い条件なんて引き出せない」と言う。そして、和久には「商品企画部門が納得してくれるよう、サービス部品価格が下がるよう海外ＯＤＭ先との契約条件の妥協案を探してよ」と言う。他にも、品質保証部門は「こんな品質の数値じゃ東伊電気ブランドとしての品質保証ができない、こんなＯＤＭ先じゃ取引できない」と言う。開発技術部門は「東伊電気として必要で要求している技術関係資料を提出してもらうのに四苦八苦していて、まだ３割程度しか入手できていない」と言う。東品のノートパソコンに倣って、海外ＯＤＭを推進することが、東伊電気にとって本当に良いことなのだろうか。それぞれの部門の

第２章　第４話：和久

海外ＯＤＭに関わっている担当者はそう思い始めている。

　東伊電気の海外ＯＤＭは東品から来た稲垣の思い描いていた通りには進まなくなってしまった。しかしながら、販売営業部門は当初のリリース予定を基に初ロットの納入先を決めてしまっていた。従ってリリース時期をずらすことはできない状況だった。

　懸案だったサービス体制についても、品質保証期間終了後に７インチモニターが壊れた場合は、サービス部品での訪問修理対応は行わないことにした。そして、新しい７インチモニターを製品として販売営業部門から購入してもらう形で対応することとなった。

　東伊電気にとって初めての海外ＯＤＭ製品となった７インチモニターは製品発売にはこぎつけたが妥協の産物となってしまった。

　東伊電気の海外ＯＤＭ（開発製造委託）の教訓
　【目的】

- 開発技術部門の工数不足（月平均残業時間１００時間）解消
- 投資コストを抑え、開発商品を増やし、事業拡大することによる売上増

※製造部門責任者の工場長、開発技術部門や資材調達部門責任者は東品の言うことを聞いて成果を出して出世する（公言しないが担当者レベルではみんなそう思っている）

【背景】
- 東品のノートパソコン事業は海外ＯＤＭにして利益が増えた
- 東品から東伊電気のＰＯＳ事業も自分たちの成功事例に倣って海外ＯＤＭを推進しろと天からの声があり、東品から人員の異動があった
- 契約責任部門である資材調達部門担当課長は東品からの出向で、東品の意向に逆らえない

【方針】
- 契約書体系は東品の契約書体系に合わせる
- 最初は主力ではない製品から始め、メイン商品に拡大する
- ＯＤＭ先との協働を行い、継続的なパートナーとなるように育成していく考えを持つ
- 必要に応じ商品企画部門や営業部門に従来の考え方を変えてもらう
- 開発を委託するのでデザインレビューは簡素化する（作成資料を減らす）

【初めての海外ＯＤＭで見えてきた実態】
- 東品のノートパソコンは１製品の製造継続期間は１年、サービス対応期間は製造中止後４年である。今回の商品企画部門や販売営業部門の要望は製品製造期間が３年間、保守サービス対応は、製造中止後７年間まで行う。保守契約料金は前の機種と同等以下（海外ＯＤＭは作る側の都合なのでお客様に関係ない、従来と同等の保守サービス体制の製品でないとお客様には受け入れてもらえない）
- 東品のノートパソコンは製造台数１万台/月だったのに対し、東伊電気は３年間で１万台程度なのでＯＤＭ先から見ると取引の魅力が少なく、折衝で良い条件を引き出せない
- 開発時の出図や資料作成は減った。しかし、ＯＤＭ先に東伊電気内製製品と同等の技術関係資料や品質保証関連資料を作成してもらうための教育や協働が必要で、開発技術部門や品質保証部門の仕事量は減っているようには見えなかった

　最初にもっとやるべき事はなかったのか？海外ＯＤＭを行う影響をもっと体系立てて整理しておけば、もっと良い結果が生まれたのではないか？最初からステークホルダーを整理しておけば、和久に不要な負担をかけなくても済んだろうな。稲垣はそう考えていた。

◆海外ＯＤＭ製品ポータブルバーコードプリンタ

　７インチモニターの製品が発売になって間もなく、次の海外ＯＤＭ製品のポータブルバーコードプリンタ（持ち歩いてバーコードラベルを発行できるプリンタ）製品化会議の招集がかかった。２製品目で海外ＯＤＭ関連の打合せメンバーは固定化した。資材調達部門の稲垣と坂井、開発技術部門の吉田と部下の佐藤、品質保証部門の大川、そして需給計画部門サービス部品計画課の和久の６名だ。

　契約書の作成や海外ＯＤＭ先との話を進める前に、前回の反省も踏まえて、海外ＯＤＭ推進プロジェクトメンバー６名で、今後の海外ＯＤＭ製品をどうやって推進していくべきか東伊電気の実情も合わせて考えることとなった。打合せの前に稲垣から和久に話があった。
「和久さん。中小企業診断士の資格持っているんですか？色々、勉強しに行っているって坂井からも聞きましたよ。せっかくだから打合せのファシリテーションをしてくれませんか？」
稲垣はクールな表情で和久に耳打ちした。
「私がですか・・・」

和久は遠慮気味に言いながらも、先日セミナーを受けてきた『ブレイン・コネクト』を試すチャンスだと思った。
「そうですねぇ〜、丁度今日の打合せに合いそうな手法を学んだのでやってみますよ」
「お願いします」

　和久はホワイトボードの前に立って話し始めた。
「今日は前回の初めての海外ＯＤＭ製品の反省も踏まえて、今後どうやって進めればいいのかを『ブレイン・コネクト』という方法で考えてみたいと思います」
みんなキョトンとした表情だったが、和久はそのまま話を続けた。
「手順としては課題に対して最初に関係するステークホルダーを洗い出し、次にステークホルダーに起こる『ＰＡＩＮ（そのせいで）』と『ＧＡＩＮ（そのおかげで）』を出します。そしてそれが起こる時期を色分けして、何をすべきか意思決定をします。」
　和久はホワイトボードの中央に"海外ＯＤＭ"と書き、右上に枝を伸ばして『そのせいで』と書いた。メンバーからは、また何か変わったことをやり始めた、といった雰囲気が伝わってきた。が、和久は気にせず左下に枝を伸ばして『そのおかげで』と書き参加者に問いかけた。

「初めての"海外ＯＤＭ"に関わるステークホルダーは誰ですか？」
坂井が最初に答える。
「プロジェクトメンバーの"開発技術部門"、"資材調達部門"、"品質保証部門"、和久さんの需給計画部門かな」
みんなが頷くのを見ながら、和久は『そのせいで』の横に枝を伸ばし部門名を書いた。
「和久ちゃん、需給計画部門が和久ちゃんのイニシャルになってるけど」
同期の吉田がツッコミを入れる。
「どうせやるのは私なので。最後に直すから」
と和久が言うと参加者から笑いが起きた。するとプロジェクトリーダーの稲垣からも声が出る。
「あと、プロジェクトを任されている私も入れてください。プロジェクト責任者として立場があるので"プロジェクトリーダー"も入れてください」
続いて品質保証部門の大川が発言する。
「ＯＤＭ製品を購入するユーザーです。・・・・いや、ユーザーはどこで作っているかは関係ないのでＯＤＭ製品を販売する"営業部門"にしてください」
和久は参加者から出てくるステークホルダーを書き足していった。

第２章　第４話：和久

するとプロジェクトメンバーで一番若い３０歳の佐藤が発言する。
「開発技術部門や資材調達部門はどちらかというと担当者というイメージですよね。そうだったら、ＯＤＭ化推進の話の大元になった開発技術部門長と資材調達部門長は入れた方が・・・」
「ちょっと待て、佐藤。その二人を入れると後で打合せの結果、部門長に報告できなくなりそうだからやめよう」
と、佐藤の上司の吉田が口をはさむ。
「吉ちゃん、せっかく佐藤さんが発言してくれているのだから途中で遮ることや、否定をするのはやめましょう。みんな色々な考えを持っているので、まずはイエス！で受け入れましょう」
と、和久が注意を促す。
　和久が"開発技術部門長"と記入し始めると、やはり佐藤からストップがかかった。
「和久さん。すみません、ちょっと待ってください・・・やっぱりやめときます」
参加者から笑い声が出た。
「佐藤さん。それなら海外ＯＤＭ推進責任者として私が出ているのでそこに含むということにしておきましょう」
稲垣の発言に佐藤は大きく頷いた。

「他にありませんか？」
和久が参加者に問いかけると吉田から発言があった。
「工場というか"製造部門"も影響を受ける部門なので入れた方がいい気がします」
その発言を最後に一瞬間が空いた。
「他には出てこないようなので次に行きます。後からでもいいので、もし追加があれば加えるので言ってください」

　和久は『そのおかげで』の横にも枝を伸ばし、『そのせいで』に出てきたステークホルダーを同様に書いた。
　和久はこのメンバーとはいつも社内打合せを行っているので、発言が出やすい雰囲気であることを感じていた。和久にとっての初めての『ブレイン・コネクト』のファシリテーションがやりやすい環境であることに内心ほっとしていた。

第2章　第4話：和久

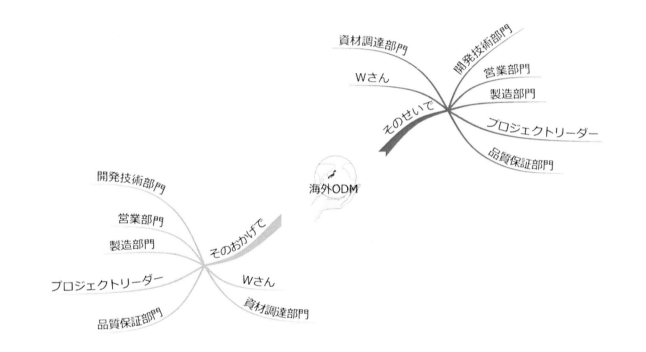

和久は問いかけを始める。
「みなさんは自部門ではないから関係ないと思わずに、各ステークホルダーの立場になったつもりで一緒に考えてください。初めての海外ODM、そのせいで"開発技術部門"はどうなりましたか？」
佐藤が最初に口を開く。
「"得意ではない"英語でのやり取りが"増えました"」
吉田も発言する。
「社内開発製品の時と比べODM先に"技術関係資料"をどこまで作らせればいいか"悩んだ"な、今もわからずに悩んでいる」
和久は佐藤や吉田の言ったことを開発技術部門の横に枝を伸ばして書いた。

「他に出ないようなので次に行きます。初めての海外ODM、そのせいで"資材調達部門"はどうなりましたか？」
坂井が口を開く。
「やってみて思ったけど"契約書の形態"が東品と同じで良いのかよく"分からない"なぁ。本

当は、東品の契約書は参考にしたとしても、東伊電気としての契約書の形態にした方が良かったのかなぁ」
和久は発言が出るたびにホワイトボードに枝を伸ばしてはキーワードを書いた。

「初めての海外ODM、そのせいで"品質保証部門"はどうなりましたか？」
大川が発言する。
「海外ODM先との英語での"契約書のやり取りが増えて""残業は増えた"けど、品質検査業務は減ったなぁ」
参加者が首を傾げたので和久が大川に問いかける。
「品質検査業務が減るのは品質保証部門にとって悪いことですか？」
「みんな毎日残業している状態だったので業務が減ることはいいことです。あっ、そうか、『そのせいで』だと悪いことをあげるんですね」
和久は答えた。
「そうです、『そのせいで』に続くのは良くないことです」
「それじゃあ、あと、自社での新製品開発時に準備するたくさんの"品質関連資料"のうち、O

DMの場合どれを作らせ、どの項目を"デザインレビュー"でチェックするのかよく"分からなかった"というのもあります」

　和久が次の需給計画部門のところを進めようとすると坂井が和久の真似をして問いかける。
「和久さん、初めての海外ＯＤＭそのせいで和久さん、違った"Ｗさん"はどうなりましたか？」
参加者から笑い声が起こる。
「和久ちゃん。自分の不満に思っていること全部書き出しなぁ」
と吉田がツッコミを入れるのでさらに笑い声が起きる。
「"想定外の仕事"が"増えた"のと、作成したことのない"契約書"をしかも苦手な"英語"
　で作らなくてはならなくなった、とりあえずこれぐらいで」
和久は声に出しながら枝を伸ばして書き加えた。

　『ブレイン・コネクト』には参加者の上下関係はなく、役付きも関係がない。参加者が同等の立場で進めて行くことこそ重要である。誰かがまとめ役ということもなく、誰もが自発的に率先して動く事の方が奨励されている。よって、坂井の言動は積極的に受け入れられるものであり、和久もその場の雰囲気と流れを大切にしながらファシリテートを行っていた。

第２章　第４話：和久

「"稲垣（プロジェクトリーダー）"さん。初めての海外ＯＤＭそのせいでどうなりましたか？」
「ん、私？私は東伊電気が海外ＯＤＭをするのが初めてなので、その推進のため"出向"となって、"単身赴任"になりましたよ」

和久は、（毎日残業で帰ってから家事じゃあ、せっかくの単身赴任も楽しめないよな）と思いながら『そのせいで』の方に"出向"と書いた。

　和久がまたみんなに問いかける。
「初めての海外ＯＤＭ、そのせいで"製造部門"はどうなりましたか？」
坂井が発言する。
「"仕事がなくなる"と"不安"になるんじゃないですかね」
大川も発言する。
「製造部門は"ラインに空き"が出て"余剰人員"が出てきますよね」
「それでは最後に初めての海外ＯＤＭ、そのせいで"営業部門"はどうなりましたか？」
佐藤が発言する。
「必ずではありませんが、"営業の望む価格や品質、サービス体制の製品"が"リリースできなかった"ら"積極的に売らなくなる"でしょう」

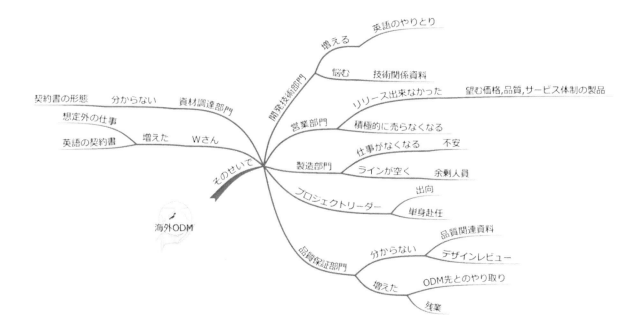

第2章 第4話：和久

「『そのせいで』は出尽くしたようなので、次に『そのおかげで』を考えましょう。初めての海外ＯＤＭ、そのおかげで"開発技術部門"はどうなりましたか？」
吉田が最初に口を開いた。
「俺も佐藤もＯＤＭ担当になったので、ＯＤＭの実績が出れば"社内での評価は上がる"ね」
それにつられて佐藤が言葉を重ねる。
「出図作業や技術資料作成は減るので"残業時間は減るはず"です、私は増えてますが・・・」
「『そのせいで』側に"ＯＤＭ担当の残業が増える"を追加しましょうか？」
和久は佐藤に、『そのおかげで』の"開発技術部門"の横に吉田や佐藤の発言を記入しながら聞いた。佐藤は答える。
「ＯＤＭ担当の残業が増えると書くと上の方がざわつきそうなので、『そのせいで』側は書かなくていいです。ＯＤＭ先が慣れてくれば減るはずなので」
「それでは、初めての海外ＯＤＭそのおかげで"資材調達部門"はどうなりましたか？」
坂井が発言する。
「私も今期から海外ＯＤＭ担当なので、ＯＤＭの実績が出れば"社内の評価は上がります"。あとは、・・・浮かばないなぁ」

稲垣も発言する。
「新しい取引先の開拓や海外開発メーカーの能力を見極められるようになるのは"選択肢が広がって"いいことかもしれませんね」
「初めての海外ＯＤＭそのおかげで"品質保証部門"はどうなりましたか？」
大川が答える。
「さきほど、『そのせいで』の時に言ったように、品質関係資料作成や品質検査の"実務は減りました"」

　需給計画部門の順番になると、また、坂井が和久に問いかける。
「初めての海外ＯＤＭそのおかげで"Ｗさん"はどうなりましたか？」
和久は、坂ちゃんやるな、と思いながら即座に答える。
「"英語力が上がった？"のかな・・・。あとは契約段階から折衝できるのでサービス部品"需給問題を上流で手を打てる"ということかな」
「和久さん、前向きだなぁ」
と坂井が和久に代わって、ホワイトボードに和久の発言を書き加えた。

第２章　第４話：和久

『ブレイン・コネクト』での発言は自由奔放で思いつくままが良い。「こんなこと言ったら笑われるかな」とか、「これは真面目な場にはそぐわない（あるいは関係が薄い）コメントになるかな」などと考えるのは良くない。
　『ブレイン・コネクト』を実施する場は、心理的に安全が確保され、安心な場でなければならないので、時には冗談とも取れるような発言も気にせず臆せず、その場の即興でどんどん発言して行くのが良い。
　これも『ブレイン・コネクト』の特徴となるが、『ブレイン・コネクト』は全員平等の考えがあり、会議を動かし板書する人がファシリテーターと固定する必要はない。誰でも気になったらファシリテーターを気にせず、どんどん図に言葉や枝を書き込んで行って構わない。

「"稲垣（プロジェクトリーダー）"さん。初めての海外ＯＤＭそのおかげでどうなりましたか？」
「最初の製品はリリース日ありきで期間が短くＯＤＭ先も決め打ちだったので・・・、"本来なら業績が上がって、自分の評価も上がって"、坂井さんにポジションを譲って、東京に戻れるようになるはずだったんだけどね。坂井さん、頼むよ〜」

普段は東品の社員らしく淡々と物事を進める印象の稲垣だったが、稲垣の今まで見たことない人間味のある面を見た気がした。
「初めての海外ＯＤＭ、そのおかげで"製造部門"はどうなりましたか？」
「・・・・・」
和久は１分くらい待ったが、誰からも発言が出る雰囲気ではなかった。
「とりあえず、次行きましょう。初めての海外ＯＤＭ、そのおかげで"営業部門"はどうなりましたか？」
坂井が口を開いた。
「私からは商品企画部門の望むような価格をＯＤＭ先から引き出せていないので言いづらいですが、"本来は製品原価が下がって儲けが出る・・・はず"」
大川も坂井にかぶせる。
「そのくらいでしょう。営業はいつも工場の製品原価が高いから売っても儲けが少ない、製品原価をもっと下げろしか言ってこないし、がんばって製造原価を下げても販売価格まで下げちゃうんだもんな。価格は下げずに売ってきてくれればもっとうちは儲かるのに・・・」
大川の発言に全員大きく頷いていた。

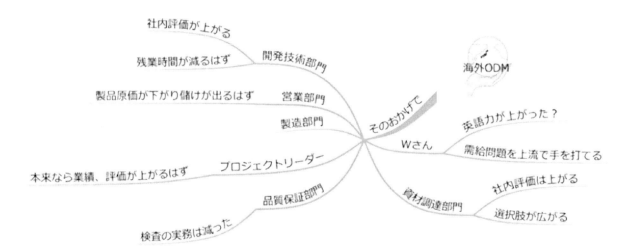

「『そのせいで』と『そのおかげで』が出そろったので、次のステップに進みましょう。今あげた項目を①すぐに起こること、②しばらくして起こること、③後で起こることに選別します」
稲垣は和久に尋ねた。
「和久さん、起こる時期の決め方は決まっているんですか？今回のケース、製品リリース前に起こることなど製品のライフサイクルに合わせた方が良い気がしたんですが」
「確かに・・・」

　和久はセミナーで講師の言っていた「時期は課題に合わせて設定してください」という説明を思い出した。
「それでは、①ODM製品リリースまでに起こること、②リリースして一年以内に起こること、③後から起こることに選別しましょう。①の場合は実線、②の場合は破線で囲みますね。1項目ずつ聞くので時期を答えてください」
「それでは『そのせいで』側から行きます。開発技術部門の"英語のやり取り"は？」
「リリース前！」
「どこまで作らせるか悩んだ"技術関係資料"は？」

「これもリリース前！」
「製造部門の"仕事がなくなる"」
「後から！」
「リリース後１年以内！」
「あっ、でもＰＯＳ端末がＯＤＭ化するまでは仕事はあるか」
「やっぱり後から！」
「そして"不安"は？」
「ＯＤＭ製品がリリースされだしたら不安に思い始めそう」
「リリース１年以内！」

　和久は続けてテンポよく１項目ずつメンバーに問いかけ、メンバーもテンポよく答えを返した。和久はその都度実線と、破線で項目を囲んでいった。
「全部の選別が終わりましたが、修正するところありますか？」
参加者は全員首を横に振った。

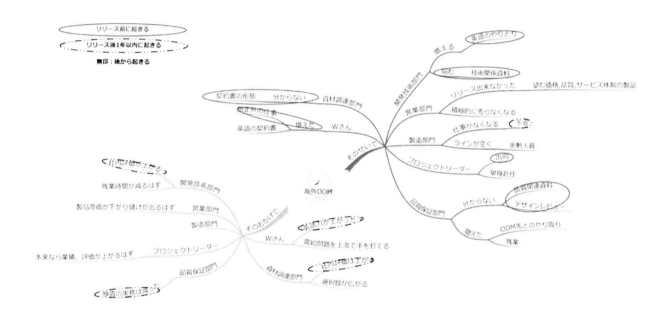

第2章　第4話：和久

「それでは、今後どうやってODMを進めるか決めましょう。優先的に取り組まなければならない項目はどれですかね？」
稲垣が真っ先に口を開いた。
「やはり、リリース前に起きることでしょう」
すると吉田が言った。
「稲垣さんと、和久ちゃんには悪いけど、海外ODMの"契約書"と"技術関係資料"と"品質関連資料"や"デザインレビュー"は何か手を打たないといけないよね」
「あぁ、あと稲垣さんの"出向"と和久さんの"仕事が増える"は優先的に対応しないと」
と独り言のように頷きながら佐藤がつぶやく。
「吉ちゃん、佐藤さん、上流で手を打つための仕事が増える代わりに、長い目で見たら数年後のサービス部品供給クレームでの仕事が減ると考えるからいいよ」
と、和久は答えた。
「私も、ODM製品が問題なくリリースできる体制になれば東品に戻れるはず・・・なので気にしないでください」
と、稲垣も答えた。

「あと、『そのおかげで』側の"製品価格下がる"っていうのも重要だと思います。ここがクリアできないと営業に売ってもらえません」
　と、大川が言った。続けて和久も言った。
「それなら、私の"需給問題を上流工程で手が打てる"というのも契約の段階で商品企画部門が望むサービス条件をＯＤＭ先から引き出せるととらえれば重要だと思うなぁ。７インチモニターではサービス部品価格や修理体制ですったもんだしたんで。坂井さんは他に何かある？」
「初めて海外ＯＤＭ製品をやってみて、海外ＯＤＭ向けの契約書のひな形を固めるのと、自分の関わる部分だけでなく契約書全体がどうなっているのか関わるメンバーはわかっておく必要があると感じたので東伊電気としての"契約書の形態"が重要だと思います」
「東品の契約書形態にこだわらず、東伊電気としての海外ＯＤＭ契約書のひな形を決めるのと、自社開発製品と比較して海外ＯＤＭ製品の場合はどの技術資料や品質資料を準備させるのか、デザインレビューではどのチェック項目をチェックするのかあらかじめ決めておく必要がありそうですね」
　すると、プロジェクトリーダーの稲垣がまとめに入った。
「そして、営業が売ってくれる製品になってもらわないと意味がないのですよね。それならＯＤ

M先選定の際には製品価格やサービス体制が実現できそうかも審査してデザインレビューを始める前に本当にＯＤＭ製品で進めるのか判断が必要そうですね」
と付け加えた。

【海外ＯＤＭ推進プロジェクトの意思決定】
・東伊電気としての海外ＯＤＭ契約書のひな形を作る（ＧＰＡ、ＴＡＡ、ＱＡＡ、ＭＳＡ）
・ＯＤＭ先に求める技術資料、品質資料を商品群ごとのマトリクス表にまとめる
・ＯＤＭ製品のデザインレビューのステップとチェック項目を決める
・ＯＤＭ先を確定する際に製品価格、サービス体制の実現性を審査して、海外ＯＤＭにするか自社製品開発にするか決める（市場の要求に応えられない場合は海外ＯＤＭにしない）

　打合せが終わり、会議室を出る時に坂井が和久に尋ねた。
「和久さん、今日の打合せで使った手法、使えそうなので今度教えてくれませんか？」
「『ブレイン・コネクト』っていうんだけど、使えそうでしょ。来月、半蔵門で開発者が講師のセミナーがあるから一緒に行こうよ」

そして、海外ＯＤＭ推進プロジェクトで意思決定した４項目について取り組んだ。そして、そのおかげでところどころで妥協はあるものの、なんとかバーコードプリンタは全部門が納得する形で商品化にこぎつけることができた。

　その後も並行して海外ＯＤＭ製品は続き、今では４製品になった。東品の意向通り海外ＯＤＭは進んでいるように見えるので海外ＯＤＭ推進プロジェクトは社長表彰を受けることとなった。
　出向していた稲垣も一区切りついたのでポジションを坂井に譲り東品に戻った。しかしながらメイン製品のＰＯＳ端末を海外ＯＤＭにしようという話は、海外ＯＤＭに懐疑的な商品企画部門、品質保証部門、需給計画部門（サービス部品計画課）のみならず海外ＯＤＭ推進を主担当として進める資材調達部門や開発技術部門からも出てこない。
　この先も東伊電気は海外ＯＤＭを推進していくのだろうか。ステークホルダーに海外ＯＤＭ先を入れた『ブレイン・コネクト』を描くと違う意思決定が見えてくるのかもしれない。そのように和久は、未来に思いを馳せていた。

（和久の話　おわり）

第２章　第４話：和久

第3章　ふりかえり

■　ブレイン・コネクト物語

◆書籍化の話

　本書は思考フレームワークの解説書でもなければ理論的説明書でもありません。本書の特徴のひとつとして、お読み頂いた方は分かると思いますが、全て物語仕立てで書かれています。そして劇中劇ならぬ図書中図書（？）の形式で、「たった1枚の紙で、誰でも意思決定ができてしまうブレイン・コネクト」という図書が、あたかも存在しているかのような書きぶりで登場します。それぞれの物語の主人公もしくはキーパーソン的な脇役が『ブレイン・コネクト』の本を読んだ、あるいは『ブレイン・コネクト』の研修を受けたという設定で意思決定支援を行うという仕掛けです。

　もうひとつの特徴は、本書はインプロ（即興）で作成されました。通常の共著本の場合は、それぞれ担当のパートを決めて執筆しますが、本書は誰が何処を書いたという明確な区分けはありません。皆で寄って集って即興でアイデアを出し、即興で課題を解決し、その場の流れで遊びながら作業をし

た結果で生まれた1冊の図書となります。

　実は、この図書の目次作成・構成から、原稿書きとイラスト描き、校正し脱稿するまで僅か２７日間でした。もちろん、私たちは全員本業を持つ者であり、この図書の作成に使った時間は本業の隙間時間を使ったものです。その意味で実質的にかけた時間はゆとりのあるものではありませんでしたが、そこはインプロ精神でやりました。結果として、気が付けば出来ていたといった感じがあります（もちろん、何度も何度も書き直しや修正を重ね、寝る暇を惜しんだ夜中の活動で大変は大変でしたが）。

　書籍化のアイデアが出た当初は、『ブレイン・コネクト』の基礎理論であるインプロ（即興技術）とデザイン思考、表記法としてのマインドマップの解説をした上で、この『ブレイン・コネクト』の思想やアーキテクチャーと使用方法を説明する構想を持ちました。しかし、いざ書籍化の話が本格化し決定した時にその考えを全て捨てました。

　そして、簡単に読んでいただけて、『ブレイン・コネクト』の雰囲気を気軽に感じてもらえる方法は無いだろうか？と思いました。書籍化が決まった２日後の夜、夢のお告げがあり「そうだ、物語仕

第３章　ふりかえり

立てにしよう！」と発したら、皆はそれに「いいねぇ〜！」と同意。その流れに乗った次第です。出来上がってみると堅苦しい理論本にするより、物語で表現する道を選んで良かったと思っています。

　さらに、「挿絵やイラストがあると良いよねぇ〜」といった意見が出れば自前で描き始めたり、「物語なので多くの人に読んでもらい意見をもらった方が良いよねぇ〜」といった意見が出れば、外部の人々に草稿を読んでもらってフィードバックを頂いたりもしました。その活動も全て、前述の「僅か２７日間」の活動で行ったことです。

　これは通常のスケジュール管理では実現しないやり方です。作業をシーケンスに動かすだけではマネジメントはできません。全ての作業をパラレルで動かすことが前提となり、かつ不完全な状態でも先に進むことが必須となります。それでも手戻りは発生させず、修正は新しく創り出す作業としてアジャイルに動かすこと、そして最終的にはインプロで乗り切ることを心がけました。

◆インクルージョンの話

　この『ブレイン・コネクト』を開発した株式会社インクルージョンは、様々な専門家のメンバーを擁しており、ＩＴエンジニア、米国ＰＭＩ公認ＰＭＰ、中小企業診断士、ＴＯＣｆＥファシリテータ、ＴＯＣジョナ修了者、社会福祉士、保育士、司法関係者など実務家で有資格者が所属しています。

　同社はコンサルティングファームとして企業の抱える課題に対して意見を求められ、解決まで導くことを業としています。従って、この思考フレームワークは同社が日々の業務を遂行する中から生まれた数あるアイデアの中のひとつとなります。

　また、同社にはインプロ好きな人間が数名いて、ずっと前々からインプロ（即興技術）の要素をビジネスの場面で「具体的に」使える橋渡しをしたいと考えていました。
　各人のインプロ歴は長いのですが、同社が正式に公開し、お客様にインプロ商品を提供し始めたのは２０１５年２月からです。

第３章　ふりかえり

その時に同社が創ったコア理論が、この『ブレイン・コネクト（他者の脳と脳を繋ぎ合わせる）』でした。その後『ブレイン・コネクト』技術を基本とした商品を、大きく４つ公開してきました。
　１つは『アンチプロブレム（逆転の発想技術）』で、２０１５年２月のリリース。
　２つ目は『創発会議（四角い会議を丸くする）』で、２０１５年５月のリリース。
　３つ目は『クリエイティブシンキング（ブレークスルー思考）』で、２０１７年１２月のリリース。
　そして４つ目が今回の『ブレイン・コネクト（意思決定デザイン）』で、２０１８年５月のリリースとなります。

　それぞれのコアに同社独自の即興技術を使っており、今までは上記それぞれの名称商品としてご提供してきました。つまりアンチプロブレム、創発会議、クリエイティブシンキングという商品名です。それを今回改めて今までのものも含めて統合し、その一連の思考フレームワークを『ブレイン・コネクト』という名称で統一しました。

　本書で紹介した手法は、『ブレイン・コネクト』の中でも代表選手と言える方法です。

■　インプロの話

　海外では医療現場や災害現場で、瞬時にコンセンサスを取りながら実務をこなして行くために、インプロを活用する事例があるといいます。即席に立ち上げたメンバーでチームを作り、意思決定を含めた業務を行っていくためのツールとして教えられているようです。

　そんなに難しい場面で無くても、私たちは日常生活の中で何らかの判断をし、何らかの行動を起こすときは、多かれ少なかれ必ず意思決定をやっています。上手く行けば結果オーライかもしれませんが、その結果が思ったより芳しくなかったときは、「ああ、この場合を考えておくのを忘れていた」とか「そういえば、この人の事も考えておけばよかった」などと後悔するかもしれません。

　そんな時に、この『ブレイン・コネクト』を使えば後悔は生まれません。本人や当事者や関係者が知恵を絞り、限界まで考え抜き、そしてみんなで合意が取れていれば、最初に思ったほどの品質で無くても次のステップやステージに自信をもって進んでいくことが可能になります。

　私たちは普段、小さなものごとから大きなものごとまで、意思決定にどれだけ時間をかけ、どれだけの自信をもって行動をしているでしょうか？そして、時間をかければ必ず高品質の意思決定ができ

るでしょうか？少なくとも現代のように変化が激しく、予想がつきにくい社会環境においては、瞬時に意思決定を必要とすることの方が多いのではないでしょうか。

　もし結果が上手く行ったらラッキー（あるいは最初からノウハウを持っていた）で、思ったほどでもなかったら時間がなかったからと言い訳をするのでしょうか？そんなところからは決して明日に繋がるような果実を得られるとは思えません。上手く行った場合には必ず上手く行った理由がありますし、思うようにいかなかった場合にも必ず理由があります。

　確かに、中にはリソース（人・物・金・時間・情報・環境）不足が原因というものもあるでしょうが、現実社会や日常生活の中でリソースが完全に満足していることなど、そもそも無いのではないでしょうか？

　リソースが不十分であっても、目の前の意思決定は待ってくれません。まずは時間をかけずに「ある一定品質の意思決定」を行うためのノウハウやスキルは持っていた方が良いと言えます。時間をかけないやり方には、ラピッドプロトタイピングやアジャイルといった方法もあります。しかし、それ以上にもっと時間をかけない方法が「即興」となります。そして単に時間をかけないだけではなく、「時間をかけない方が上手く行く」手法こそが「即興」というものです。

即興は、音楽の世界ではアドリブ(ad lib)と言い、演劇やダンスの世界ではインプロ(improvisation)と言います。「自分を解放して自由に行う」ことが語源になるようですが、そこに「他者を交えて全員で即興をする」と通常では出てこないような新しい価値を生み出す力を持ちます。それが「共創的・協奏的・共想的コミュニケーション」です。

　音楽や演劇やダンス等パフォーマンスの場合は、表現芸術なので即興的な表現だけでも問題はないのですが、ビジネス実務では即興表現だけでは意味を成しません。そして、今まで世の中で行われてきた演劇系出身者のインプロ研修はコミュニケーションやチームビルディングの域を出ることがありませんでした。
　音楽の世界の即興も、演劇の世界の即興も知っている私たちビジネス実務家としては、それで満足することはなく、ビジネスの現場で相応のアウトプットと結果を出し続ける手法を考え続けてきました。私たちのメンバーにマインドマップの公認インストラクターがいますので、視覚化の記述法としてマインドマップと融合し、インプロの要素技術を生かすことを思いつきました。
　そのことで、今まで口から発する言葉（もしくは身体で表現する行為）だけで通り過ぎていたインプロの要素技術を、マインドマップ表現で記述できるようになりました。それが客観的アウトプット

第3章　ふりかえり

として継続的に共有活用できるようになり、そこに工夫と改善を加えることで短時間でありながらも高品質な意思決定にまで繋げることができるような手法の開発に至りました。よって、『ブレイン・コネクト』は表現的にはマインドマップの手法を一部取り入れていますが、根本にあるのはインプロの要素技術であり、そしてデザイン思考のアーキテクチャーとなります。

　繰り返しますが、この図書は説明書ではありません。物語を通して『ブレイン・コネクト』の雰囲気を伝えることを目的としております。
　具体的なインプロの理論やデザイン思考の理論、そしてマインドマップの手法（但し、ブレイン・コネクトは正確なマインドマップ記述法を敢えて崩しています）に関しての説明を書き始めたら、それぞれの要素だけで何冊も本が書けてしまうボリュームになりますので、今は語らず別の機会で行わせて頂きます。

　共創的・協奏的・共想的コミュニケーションと共に重要なのが、「そのせいで、〇〇は××になる（××が起きる）」といったストーリー性を即興で創り出しているというところです。さらに言えば、『ブレイン・コネクト』ではストーリーテリングではなく「ナラティブ（物語）」を創り出している

ことこそが特徴です。

　何が違うのかというと、ストーリーとは始まりがあり、展開があり、終わりがある一連のドラマチックな「誰かのお話」です。対してナラティブとは完結するものではなく開放的で、読み手によって話の展開も決断も行動も変わって行く「私の物語」のことを言います。そして、さらに「当事者になってみる」インプロと、「当事者として考える」ケースメソッドの手法を加えています。

　『ブレイン・コネクト』ではStep 1で様々なステークホルダーを出し、それぞれの人の事を「その人の立場になりきって、そして自分事として」想像と連想を繰り返して深めていきます。そして、様々な人の物語を私の物語として見ながら、最終的に全体最適な、ベストと思われる決断や行動や意思決定に繋げることができるのです。これがナラティブのデザインとなります。よって、『ブレイン・コネクト』で一番大切なことがStep 1に集約されています。

　その後のStep 2そしてStep 3と進んでも意思決定が上手く行かない場合は、Step 1のアイデア出しが不足している、ステークホルダーに見落としがある場合が多いです。その時は、今一度Step 1に戻りやり直してください。Step 1さえ十分に行っていれば、自然にStep 3で意思決定に繋がります。

第3章　ふりかえり

■　開発バックボーンの話

　『ブレイン・コネクト』の開発者には共通点があります。それは全員のバックボーンが理工系でインプロ好きであるということです。よって論理性だけでなく、ユニークな人間の感情と行動を扱っているという背景の特徴があります。

　Ｓ氏＝高校時代 Jazz の即興作曲手法ワークショップを知る。独学で演劇手法も学ぶ。2010 年に応用インプロに出会い「演劇ではない、ビジネスの現場で使えるインプロ」を模索してきた。
　Ｙ氏＝高校生の時から即興劇に興味を持ち役者の道に入り、現在はインプロヴァイザーとして活躍。
　Ｗ氏＝中小企業診断士の勉強会で即興演劇と出会い、インプロ手法の可能性を楽しんできた。
　Ｈ氏＝臨床検査技師ながらＳＥ、ＰＭとしてメーカーに勤めた。現在、教員として医療ＩＴを教える傍ら、趣味のサックスで、Jazz 即興演奏を楽しんでいる。
　Ｓ氏＝ブザン教育協会認定マインドマップ・アドバイザー2010 年取得
　Ｓ氏＝ThinkBuzan 公認マインドマップ・インストラクター（日本の第一期生）2011 年取得
　Ｓ氏＝慶應ビジネススクール認定ケースメソッド・インストラクター（第一期生）2012 年取得
　Ｓ氏＝ビジネスモデルキャンバス国際認定マスターランセンス（日本の第一期生）2013 年取得

■　おわりに

　ブレイン・コネクトを実施するには、「第1章：無茶な顧客」の「エイ子の話」にあるように、身体を使ったインプロのエクササイズで脳のストレッチを行い、Step 1で行う発想を出しやすくします。

ブレイン・コネクトの会議に机は使いません。短時間で立ったままで全てを解決します。そして、①アイデアを忘れることを防ぐ、②全員参加で書き続ける、ために必ず「全員がペンを持ち」ます。

ブレイン・コネクトの企業研修は、町の小さな飲食店から製造業、IT、製薬、コンサルなど上場企業の方々に加え、士業や教師にも実施してきました。また、単なる研修だけに留まらず、お客様の現場での会議進行や場づくりのファシリテーションなど、業務改善支援もご提供させて頂いています。

ブレイン・コネクトは、頭で考える従来型のブレーンストーミングではなく、身体全体を使って考えるボディストーミングも多く使い、インサイトを引き出す良質な質問を投げかけて行きます。

おわりに

さて、そろそろ本書も終わりに近づいてきました。開発段階風景も載せておきます。

以下は、今回の『ブレイン・コネクト（意思決定デザイン）』の開発現場風景です。本書に掲載したケースの5倍以上の実務ケースで実践を行い、ブレイン・コネクトが実務に耐えられることの実証実験をしているところの風景です。開発メンバーは4人で、様々な業種の実際のケースを使ってブレイン・コネクトの機能検証をしてきました。

実証実験を行っていく中で、ひとつ、私たちに悩みが残りました。

それは、『そのせいで』と『そのおかげで』を、どうやって英語に翻訳するのが良いのだろうか？ということです。

『ブレイン・コネクト』は、日本語の持つ力も重要な要素となっています。だから翻訳せず、『そのせいで』『そのおかげで』を日本語のままで使い、カイゼンやカワイイやモッタイナイのように、"ソノセイデ"と"ソノオカゲデ"が世界共通語になるのが私たちの夢です。

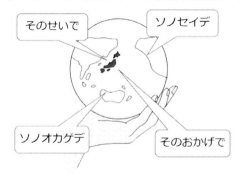

　最後まで本書を読んでいただき、誠にありがとうございました。
　私たちは、今後『ブレイン・コネクト』の手法を広く普及させ、世の中の平和と多くの人々の幸せに貢献して行きたいと考えています。
　今回ご協力して頂きました多くの皆様に感謝をし、一旦、筆を擱かせていただきます。

おわりに

■　参考文献など

「コンサルタントのフレームワーク」
　　編著：安田龍平・平賀均　　　著：和氣俊郎その他　　　同友館　２０１０年

「教師のためのケースメソッド教育」
　　編著：岡田加奈子・竹鼻ゆかり　編集協力：竹内伸一　　少年写真新聞社　２０１１年
　　※本書ユウ子の話はケース編著者の了解を得てブレイン・コネクト風にアレンジしています

「医療安全管理者が知っておきたいマインドマップ活用術」
　　著：杉村寿重　　　　　　　　　　　　　　　　　　日総研　２０１４年～２０１５年
　　　　（病院安全教育：2014 年 10 月・11 月号～2015 年 8 月・9 月号連載）

「プロジェクト・マネジャーが知っておきたいデザイン思考と顧客体験のビジネスモデル」
　　著：杉村寿重　　（Ｅラーニング公開講座）マネジメントソリューションズ　２０１６年

※「ブレイン・コネクト」は株式会社インクルージョンが商標登録申請中です。

■　著者

杉村寿重（米国ＰＭＩ公認ＰＭＰ、株式会社インクルージョン代表取締役）
和氣俊郎（中小企業診断士、株式会社インクルージョン経営顧問）
横内浩樹（インプロヴァイザー、一般社団法人日本即興コメディ協会理事）
平塚智文（臨床検査技師、医療情報技師、学校法人岩崎学園　横浜医療情報専門学校教員）

■　監修

株式会社インクルージョン　杉村寿重

※本書への質問や、各種研修(ブレイン・コネクト意思決定デザイン、インプロ、デザイン思考、PMBOK、TOC、クリエイティブシンキング、コンフリクトマネジメント、…etc.)、及び業務コンサルティングや組織改革、経営支援などは株式会社インクルージョン（info@iri-ltd.com）にお問合せ下さい。

たった1枚の紙で
誰でも意思決定できてしまう
ブレイン・コネクト

2019年(令和元年) 11月25日　初版発行

著　者　　杉村　寿重・和氣　俊郎
　　　　　横内　浩樹・平塚　智文
イラスト　株式会社インクルージョン
監　修　　杉村　寿重

定価(本体価格1,750円+税)

発行所　　株式会社　　三恵社
　　　　　〒462-0056　愛知県名古屋市北区中丸町2-24-1
　　　　　　　　　　　TEL 052(915)5211
　　　　　　　　　　　FAX 052(915)5019
　　　　　　　　　　　URL http://www.sankeisha.com

乱丁・落丁の場合はお取替えいたします。
ISBN978-4-86693-124-1 C2034 ¥1750E